Martin Luther

Opstandelsen

Første Korintherbrev

Martin Luther

Opstandelsen

Første Korintherbrev

Oversat og tilrettelagt

Finn B. Andersen

Oversat og tilrettelagt: Finn B. Andersen

Forlag: Books on Demand GmbH, København, Danmark
Tryk: Books on Demand GmbH, Norderstedt, Tyskland

ISBN: 978-87-4300-205-5

Forord 1

Martin Luthers indledning...2

v1 Brødre, jeg vil gøre jer bekendt med det evangelium, som jeg har forkyndt jer. 8

v1b-2b. som jeg har forkyndt jer, det som I også har taget imod, som I også står i, og som I også frelses ved,... 10

v2b. hvis I da holder fast ved det ord, hvormed jeg forkyndte jer det – ellers var det til ingen nytte, I kom til tro. 13

v3-7. Jeg overleverede jer nemlig først og fremmest, hvad jeg også selv har modtaget: at Kristus døde for vore synder efter Skrifterne, at han blev begravet, at han opstod på den tredje dag efter Skrifterne, og at han blev set af Kefas og dernæst af de tolv. Dernæst blev han set af over fem hundrede brødre på én gang, de fleste af dem er endnu i live, men nogle er sovet hen. Dernæst blev han set af Jakob, siden af alle apostlene. 22

v8-11 Men sidst af alle blev han også set af et misfoster som mig; for jeg er den ringeste af apostlene, ikke værdig til at kaldes apostel, fordi jeg har forfulgt Guds kirke. Men af Guds nåde er jeg, hvad jeg er, og hans nåde imod mig har ikke været forgæves; jeg har arbejdet mere end nogen af dem, det vil sige ikke jeg, men Guds nåde, som har været med mig. Men hvad enten det nu er mig eller de andre: Sådan prædiker vi, og sådan kom I til tro. 31

v12-15. Men når det prædikes, at Kristus er opstået fra de døde, hvordan kan så nogle af jer sige, at der ikke findes nogen opstandelse fra de døde? Hvis der ikke findes nogen opstandelse fra de døde, er Kristus heller ikke opstået; men er Kristus ikke opstået, er vores prædiken tom, og jeres tro er også tom. Vi kommer så også til at stå som falske vidner om Gud, fordi vi har vidnet imod Gud, at han har oprejst Kristus, som han altså ikke har oprejst, hvis døde ikke opstår.. 45

v16-19. For hvis døde ikke opstår, er Kristus heller ikke opstået; men er Kristus ikke opstået, er jeres tro forgæves, så er I stadig i jeres synder, og så er også de, som er sovet hen i Kristus, gået fortabt. Har vi alene i dette liv sat vort håb til Kristus, er vi de ynkværdigste af alle mennesker. 53

v20-21. Men nu er Kristus opstået fra de døde som førstegrøden af dem, der er sovet hen. Fordi døden kom ved et menneske, er også de dødes opstandelse kommet ved et menneske....................................... 62

v21. Fordi døden kom ved et menneske, er også de dødes opstandelse kommet ved et menneske.. 69

v22. For ligesom alle dør med Adam, skal også alle gøres levende med Kristus. 71

v23. Men hver til sin tid: Kristus som førstegrøden, dernæst, når han kommer, de, som hører Kristus til. 80

v24. Derefter kommer enden, når han har tilintetgjort al magt og myndighed og kraft og overgiver Riget til Gud Fader. 82

v25. For Kristus skal være konge, indtil Gud får lagt alle fjender under hans fødder.. 88

v26-27. Som den sidste fjende tilintetgøres døden, for »alt har han lagt under hans fødder«. 92

v27b-28. Når det hedder, at alt er underlagt, er det klart, at undtaget er Gud, der har lagt alt under ham. Og når så alt er underlagt ham, skal også Sønnen selv underlægge sig under ham, som har lagt alt under ham, for at Gud kan være alt i alle. 104

v29-30. Hvad skal det ellers til for, at nogle lader sig døbe for de døde? Hvis døde overhovedet ikke opstår, hvorfor så lade sig døbe for dem? Og hvorfor udsætter vi os for fare hvert øjeblik?......................... 111

v31. Ja, brødre, så sandt I er min stolthed i Kristus Jesus, vor Herre: Hver dag dør jeg. 120

v32. Hvis det kun var med et menneskeligt håb, jeg kæmpede med vilde dyr i Efesos, hvad gavnede det mig så, hvis døde ikke opstår? 122

v32b. Så lad os æde og drikke, for i morgen skal vi dø! 125

v33. Far ikke vild! Slet omgang fordærver gode sæder. 128

v34. Bliv for alvor ædru, og synd ikke! Der er folk, som ikke vil vide noget om Gud. Jeg siger dette til skam for jer. 133

v35. Men nogen vil spørge: Hvordan opstår de døde, og hvad slags legeme får de? 139

v36-38. Tåbe! Det, du sår, får ikke liv, hvis ikke det dør. Og det, du sår, er ikke den plante, der kommer op, men et nøgent korn, enten af hvede eller af en anden slags. Men Gud giver det den skikkelse, han vil......... 145

v39-42. Ikke alt kød er ens, men det er forskelligt for mennesker, kvæg, fugle og fisk. Der findes både himmelske legemer og jordiske legemer;

men de himmelske har én slags glans, de jordiske en anden. Solen og månen og stjernerne har hver sin glans, og stjerne adskiller sig fra stjerne i glans. Sådan er det også med de dødes opstandelse. 156

v42b-44. Hvad der bliver sået i forgængelighed, opstår i uforgængelighed. Hvad der bliver sået i vanære, opstår i herlighed. Hvad der bliver sået i svaghed, opstår i kraft. Der bliver sået et sjæleligt legeme, der opstår et åndeligt legeme. 159

v44b-45. Når der findes et sjæleligt legeme, findes der også et åndeligt legeme. Sådan står der også skrevet: »Det første menneske, Adam, blev en levende sjæl,« den sidste Adam blev en ånd, der gør levende. 166

v46-47. Men det åndelige legeme er ikke det første, det er det sjælelige, dernæst kommer det åndelige. Det første menneske var af jord, jordisk, det andet menneske er fra himlen 169

v48-49. Som det jordiske menneske var, sådan er også de jordiske, og som det himmelske menneske er, sådan skal også de himmelske blive. Og ligesom vi har båret det jordiske menneskes billede, skal vi også bære det himmelske menneskes billede 172

v50. Men det siger jeg jer, brødre: Kød og blod kan ikke arve Guds rige, og det forgængelige arver ikke det uforgængelige. 174

v51-53. Se, jeg siger jer en hemmelighed: Vi skal ikke alle sove hen, men vi skal alle forvandles, i ét nu, på et øjeblik, ved den sidste basun; for basunen skal lyde, og de døde skal opstå som uforgængelige, og vi skal forvandles. For dette forgængelige skal iklædes uforgængelighed, og dette dødelige skal iklædes udødelighed. 177

v53. For dette forgængelige skal iklædes uforgængelighed, og dette dødelige skal iklædes udødelighed 180

v54-55. Og når dette forgængelige har iklædt sig uforgængelighed og dette dødelige iklædt sig udødelighed, da vil det ord, der er skrevet, være opfyldt: Døden er opslugt og besejret. Død, hvor er din sejr? Død, hvor er din brod? 180

v56-57. Dødens brod er synden, og syndens kraft er loven. Men Gud ske tak, som giver os sejren ved vor Herre Jesus Kristus! 187

Forord

I 1534 udkom Martin Luthers skrift om opstandelsen. Det er resultatet af 17 prædikener, som Luther holdt over Første Korintherbrev 15. I denne udlægning af bibelens store kapitel om opstandelsen viser Luther, at den kristne tro er en tro på en virkelig og legemlig opstandelse af de døde. Luther afviser sværmernes åndelige tolkning, hvor der blot bliver tale om en åndelig opstandelse, hvor vi gennem dåben er opstået fra synden og er gået ind i et nyt åndeligt liv.

Denne tolkning skyldes ifølge Luther, at de vil udmåle Skriften med deres fornuft og egne klogskab. De vil være kloge og rage med deres hoved i Skriften. Men det går ikke. For som Luther siger heri:

> "Hvis denne artikel er borte, så er også alle andre tabt og hovedartiklen og hele Kristus mistet eller prædiket forgæves. For det er jo endemålet, hvorfor vi tror på Kristus, bliver døbt, prædiker og bruger sakramenterne, at vi håber på et andet liv, hvor vi skal komme til Kristus og med ham evigt regere, frelst fra synden, døden, Djævelen og alt ondt."

I Kirkepostillen henviser Luther selv til dette skrift, hvor man kan læse udførligt om opstandelsen, derfor vil han ikke gentage det i Postillen. Så dette skrift er på den måde faktisk en del af Kirkepostillen.

Tekst: WA 36, 478-696

Finn B. Andersen

Første Korintherbrev 15

Martin Luther, 1534

Martin Luthers indledning

I dette kapitel behandler Paulus vores trosartikel om de dødes opstandelse. Årsagen dertil var den, at de i Korinth havde fået nogle partiånder, som forvirrede deres tro og lærte, at de dødes opstandelse ikke eksisterede. Og nogle, der ville være kloge og fine, påstod at den allerede var sket, som Paulus andetsteds fremstiller det (2 Tim 2, 18). De tolkede det sådan, at vi gennem dåben var opstået fra synden og var gået ind i et nyt åndeligt liv. Endelig kom de så langt som saddukæerne på Kristi tid, at man troede, at et menneske ikke levede længere end i dette liv ligesom en ko eller et andet dyr og kun var skabt til, at man her på jorden skulle lever ustraffeligt.

Sådan bliver der af denne lærdom mange grove folk, der slet ikke troede på opstandelsen eller det kommende liv og kun gjorde grin med det samt hånede de kristne aldeles som rene hedninger. Som han også selv anfører deres ord, at de havde sagt: Hvis vi alle skulle stå op igen, hvad skulle vi da have for kroppe? Hvor skulle vi alle få plads nok, hvis vi skulle bo sammen, spise og drikke, gifte os og avle børn samt øve andre naturlige gerninger, som hører til kroppen og dette liv? Og så begyndte andre alligevel at gruble over det og ville udmåle det med fornuften og sin egen kloghed, hvordan det ville rime sig, hvis vi alle sammen, som nogensinde er født, atter skulle opstå og komme levende sammen, som vi nu er. Med denne snak og vrøvl fornægtede de den kristnes tro i denne artikel og gjorde noget pjat deraf, som det også nu hos os beklageligt allerede er kommet så langt, at mange både blandt borgere og bønder og især de gode junkere af adelen taler usømmeligt, groft og hedensk nok derom, når de begynder at være kloge og rage med deres hoved i Skriften; når de nu gennem os er blevet så lærde, at de alle er vores mestre og enhver vil kunne alt.

Imod sådanne skadelige kloge hoveder, som alligevel vil være berømte som kostelige lærere, har Paulus måttet indfinde sig og forebygge, at denne gift fik indpas. Til det formål har han skrevet et helt langt kapitel til kraftigt og med grunde at bevise denne artikel og gendrive deres skadelige snak. Hermed har han også tjent os for fremtiden, at vi måtte være desto bedre beskyttet og rustet til at beholde denne artikel, når den her er så kraftigt, vældigt og klart begrundet og forud er profeteret af apostlene selv, at mange bespottere skulle fremstå i de sidste dage i kristenheden, 2 Pet 3, 3. De, der af vor tro og artikel om den yderste dag, opstandelsen og det kommende livet skulle gøre rent skin samt med stor forsmædelse og sikkerhed håne os som de største dårer, fordi vi endnu håber på dette og derfor lider al fare og besvær, som vi allerede ser for øjnene, at det er gået.

Nu er det sandelig synd og skam, ja, en jammerlig plage, at det ikke kun nu i verdens sidste opretholdelse skulle komme dertil i kristenheden, men også, at allerede i apostlenes livstid, hvor de selv kort før havde været og lært samt havde plantet og lagt grund til kristenheden, straks skulle opstå en sådan jammer, at nogen blandt dem turde stå op som apostlenes disciple og åbenlyst prædike, at opstandelsen og det kommende liv intet var. Samt at de, som ville hedde kristne, skulle benægte en sådan artikel og holde den for spot, hvortil de jo var døbt og derfor var blevet kristne, hvorpå også al deres håb og trøst burde stå, og altså derover havde mistet alt, samt forgæves havde troet, handlet og lidt. For hvis denne artikel er borte, så er også alle andre tabt og hovedartiklen og hele Kristus mistet eller prædiket forgæves.

For det er jo endemålet, hvorfor vi tror på Kristus, bliver døbt, prædiker og bruger sakramenterne, at vi håber på et andet liv, hvor vi skal komme til Kristus og med ham evigt regere, frelst fra synden, døden, Djævelen og alt ondt. Den, som ikke tænker herpå, men benægter og bespotter dette, holder også sandelig Kristus i ringe værdi tillige med alt, det han givet, gjort og indstiftet. For hvad havde vi af ham, om han ikke gav os noget bedre end dette usle livet, men lader os forgæves fortrøste på sig samt lide alt det, som verden og Djævelen kan tilføje os, og han så skulle blive en løgner med alle sine løfter, som Paulus herefter selv siger: ”Har vi alene i dette liv sat vort håb til Kristus, er vi de ynkværdigste af alle mennesker.” Men hvad større skam kunne siges om de kristne, end at dette skulle blive prædiket blandt dem, og de intet mere holder af sin Kristus end som så? Alligevel kom det dertil, at den kære apostel måtte opleve dette hos sine disciple og i sit egen sogn eller bispedømme og se og høre, hvad som gjorde ham onde i hjertet, og ikke kunne forhindre det. Undtagen at han med dette brev hos den lille flok atter styrkede og opretholdt deres anfægtede tro.

Men det er skrevet os til advarsel og formaning, at vi skal se til, at vi, når vi har det kære Ord rent, retter os derefter, fatter det vel og holder fast ved det. Vi må ikke bliver dovne, sikre og trætte, så ikke partiånder og kloge hoveder kommer blandt os, som fordærver og borttager sådanne artikler, på hvilke al vor frelse og salighed beror. For når de i Korinth, Paulus’ egne disciple, som han havde prædiket og givet Ordet rent, er faldet så skændigt, så er der deri stillet os et håndgribeligt eksempel for

4

vort åsyn, at vi skal tænke på det, som Paulus siger i 1 Kor 10, 12: "Derfor skal den, som tror, at han står, se til, at han ikke falder." Vi skal ikke være alt for selvsikre. Og om vi ser nogen, som er blevet en sådan hedning, ja, et svin, skal vi med omsorg og bedende sige: Kære Herre, lad ikke mig falde sådan. For det er ganske snart sket, hvis vi er sikre og uden agtpågivenhed.

For sandelig angriber Djævelen os og anfægter os og også store mænd dermed, at man ikke skal tro denne artikel, eller at han må gøre os usikre. Pave, kardinaler og lignende så store mænd især i Italien er også fine, vise, fornuftige og lærde mænd; dog om tre af dem med alvor tror denne artikel, så er det meget. Derfor må vi lade det være os en advarsel, at den fornemste og næsten første kirke blandt hedningerne, hvor Paulus længst havde prædiket, straks når han vendte den ryggen, blev ødelagt gennem dette parti og faldt så dybt, at det er skrækkeligt at hører. Hvad skal da vi vente, som nu prædiker, når dette overgik den hellige apostel af hans egne disciple, mod hvilken vi er intet, og det i hans livstid, at han må hindre det og formane med breve og hvad han kunne?

Det er endnu meget tåleligere, Gud ske lov, om vildfarelsen kun holder sig inden for den gale flok, som det nu sker med bønderne i landsbyerne, borgerne i byerne og adelen på landet, som lever så aldeles skændigt, at de ikke regner Gud og Guds Ord for noget. For de dør ligesom svin og køer, som de har levet. Ligesom en bonde hos os sagde til sin lærer, som kom til ham, da han skulle dø og spurgte ham, om han ville have den sidste olie? Nej, kære herre, sagde han, en bonde dør uden den sidste olie. Men den lede Djævel er især sluppet løs, når dette tales på prædikestolen og denne artikel bliver anfægtet af dem, som er præster og efter Paulus stiger op på prædikestolen og i hans sted regerer kristenheden. Når de åbner deres skrækkelige mund og propper dette i folket, da først gør de en dødelig skade, især hvis de er lærde og fornuftige mænd. For er blot prædikanterne retsindige og læren bliver holdt ved magt, så giver Gud nåde, at der dog altid er nogen blandt folk, som modtager det, som læres. For hvor Ordet er rent og klart, går det jo ikke af uden frugt.

Derfor har jeg ofte formanet og formaner endnu, at den, som ønsker at bliver salig, skal bede med al flid, som Kristus selv befaler os bede om, at Gud vil give trofaste arbejdere og sådanne prædikanter, som har alvor med sig og holder sig til Ordet; så skal det siden, om Gud vil, ikke have nogen nød. For prædikestolen alene kan og må holde dåben, nadveren, læren, trosbekendelsen og alle livsforhold i deres renhed.

Men om vi ikke beder, men fortørner Gud med vor sikkerhed, dovenskab og utaknemlighed, så skal han i stedet for Paulus og alle retsindige prædikanter sendt os grove æsler, som river både sakramenterne og Ordet bort, så man må miste alt sammen både i lære og embede. Som vi nu ser at det allerede er sket i nogle områder og landsbyer, som igennem dette ikke kun har mistet Ordet, men også er ført i al nød; som også Djævelen gennem sin løgn og forførelse fører i mord og fordærv. Men om rette præster havde været der, så var også den rene lære blevet tilbage og andet jammer blevet ude, hvor fjendtlige pøblen end sværmede. For det gør mig ikke særlig urolig, at en grov og plump person spotter eller at en uædel storpraler buldrer og skriger op eller en selvklog spotter. For ham skal kristenheden og prædikestolen nok stå. Men det gør skade, om de, som lærer, selv bliver partiånder og folket skal bibeholde sig selv, ja, ikke kun bibeholde, men også vogte og tage sig i agt for sine egne prædikanter. Det sker med ganske stort besvær. For den jævne flok er desuden snart forført og kan ikke regere og lede sig selv.

6

Derfor skal vi tænke, at dette er skrevet os til et grueligt eksempel, at vi skal bemærke det grundigt og være advaret. Og om sådanne ånder stod op blandt os, må vi ikke lade denne artikel tages fra os eller fordrejes. For jeg er bange for, at vi med vor store utaknemlighed fortjener at nogen blandt os står op og benægter denne artikel åbenlyst. Derfor er det virkelig nødigt at bede med alvor og hjerteligt, uden ophør, at i det mindste prædikestolen kan modstå alle slags vildfarelser og modstå verdens ondskab. Den, som står til at omvende, skal omvende sig! Men den, som ikke vil, må fare. Så bliver dog nogen standhaftige. Men om et mørke går over hele verden, så at få er kristne, og dertil prædikestolene bliver besat med uduelige og skadelige prædikanter, så udebliver torden, lyn og alle plager af falsk lære ikke længe, men dræber os inden vi opdager det, og vi bliver tvunget til at tåle sådanne prædikanter, som hverken fastholder denne eller andre artikler. De skal forføre os gennem et løst vrøvl af fornuften, ja, af en så grov og tåbelig forstand, som også svinene har. Ligesom det skete for korintherne, som vi skal hører.

Derfor påtager Paulus sig sagen med stort alvor, at han imod dette skadeligt parti må beholde sine bestandige i troen på denne artikel og befæster den på det allerkraftigste, at selv Helvedes porte ikke kan omstyrte den, om man vil blive ved Ordet og ikke give den blinde og bedragelige fornuft rum til at øve sin spidsfindighed derover. For fornuften véd eller kan ikke forstå sådanne høje sager.

Han begynder altså:

v1 Brødre, jeg vil gøre jer bekendt med det evangelium, som jeg har forkyndt jer.

Dette er sagt ligesom til en indledning, hvor med han straks i begyndelsen vil drage dem tilbage fra deres spidsfindige grublen og disputeren over denne artikel til det Ord, som han prædiket, og formaner dem, at de skal betænke og blive ved det, som de havde hørt, og ikke lade sig vende derfra eller undervises anderledes. Hermed stikker han dem i det skjulte, selv om der er med høflige og milde ord, for at de havde ladet sig forlede så langt derfra og kommet dertil, at det er nødvendigt på ny at påminde dem om det, som de ikke burde have glemt. Det er en skam for dem, at man på ny må foreholde dem det. Men det går, som sagt, sådan, at hvor falske lærer får indgang, bliver man først træt af den rette lære og regner den intet, og så kommer man længere og længere væk, til man helt glemmer den.

Derfor begynder han just med sådanne ord: "Jeg minder jer om" osv. Som ville han sige: Jeg ser vel, at det er nødvendigt altid at blive ved med at formane jer om det, som jeg i begyndelsen prædikede, så I ikke lader jer det fjerne fra øjnene eller tages væk fra hjertet gennem en anden prædiken og lære. For om man ikke stedse driver og påminder dette og hjertet omgås dermed, da har man allerede åbnet dør og vindue og skabt nok rum for alle slags forførelser til at få indgang til at udslukke og borttage den rette lære.

"Men jeg minder jer om", siger han, "det kære evangelium, som jeg, Paulus, har prædiket for jer." For jeg ser, at også andre vil have navn af at prædike evangeliet og vil dog dermed ændre min lære. Det, som Paulus prædiker, skal være intet; men de vil hedde rette apostle og mestre i evangeliet og alene være berømt og kaldes at kunne prædike ret. Derfor må jeg derimod påminde og opvække jer, at I dog tænker tilbage og ser, hvad I har af mig.

For I har jo i begyndelsen af ingen anden end af mig modtaget og lært, at I véd, hvad evangeliet, hvad Kristus, tro og alt er. Om I eftertænker det, så skal I nok blive derved og ikke så snart gennem de andres pral og skvalder lade jer forlede til noget andet. For om I vil se ret på evangeliet og blive derved, så skal I med rette se efter det, som er jer forkyndt først og igennem mig plantet samt af jer modtaget og troet. For jeg er jo den første, som bragte prædiken om Jesus Kristus til jer, og næst efter Gud har I ingen anden end mig at takke for, at I er kommet til en sådan kundskab og ind i kristenheden. Derfor bør I ikke agte det så ringe eller lade jer vende derfra gennem sådanne, som imod mig vil berømme sig af evangeliet, som vil de lære jer anderledes eller bedre, selv om I ikke skulle vide at tale om noget evangelium, hvis ikke jeg havde været der. Ja, også de selv, så mange de er, skulle ikke kunne ét bogstav, om de ikke havde hørt og lært det af mig. Men de bruger det nu imod mig og under evangeliets navn for atter at føre jer derfra.

For det har alligevel gået Paulus sådan, som det nu går os gennem vores partier. For siden evangeliet gennem os atter er ført ud i dagslyset og de selv først har lært det af os, så går de ind i vort arbejde og indtrænger sig, hvor evangeliet er begyndt og gennem os har fået luft, fordærver altså, hvad vi retteligt har plantet og lært, fordi de vil være vores mestre og gøre alting bedre. Men uden os havde de ikke lært et ord deraf. Sådan tvinges han også at opleve, at så snart han kom bort, opstod nogen blandt hans disciple, som holdt sig for meget klogere og lærdere og ville ændre og overmestre alt sammen, som om hans evangelium var af slet ingen værdi. Derigennem forvendte og fordærvede de alt sammen under evangeliets navn og fyldte folket med idel bedrageri.

v1b-2b. som jeg har forkyndt jer, det som I også har taget imod, som I også står i, og som I også frelses ved,

Dertil véd I, siger han videre, at det ikke kun er forkyndt for jer af mig i begyndelsen, men også, at det ikke er kommet til jer eller er blevet uden frugt hos jer. For I har jo gennem Guds nåde modtaget det som det rette evangelium og erfaret, at det er den rette sandheden, samt *gennem det modtaget Guds nåde og Ånd* og af hjertet er kommet til tro på Kristus. Og så mange af jer, som endnu er kristne, *står alene fast gennem samme evangelium,* som I af mig har modtaget, og ikke det kun, men I er også der- igennem blevet salige. Derfor burde I jo blive derved og ikke lade jer indbilde til at gabe efter andet, som kommer af andre, de der vil gøre min prædiken hos jer foragtelig, som var der dermed intet bevendt og som om de kunne det bedre.

For om I end intet andet havde, så se dog på frugterne, hvad mit evangelium har udrettet hos jer, og jævnfør dermed det, de lærer jer, om de kunne give jer noget bedre. Da må I jo begribe, at I *gennem mit evangelium er blevet kristne,* derpå er døbt og har troet det og endnu står i samme tro og må blive salige. Det har de ikke udrettet med sin prædiken, kan heller ikke gøre det. For de kan jo ikke tage noget bedre evangelium frem, som skaf- fede mere end mit har skaffet og endnu skaffer. Og hvis I vil følge en evangelisk prædikant, så skulle I meget hellere følge mig, som først har forkyndt jer evangeliet, som de også selv af mig har måttet lære. I må også selve give mig det vidnesbyrd, at jeg har prædiket ret og I *derigennem har fået Ånden og megen frugt.* Så selv om de end længe berømmer sig og foragter mig hos jer, kan de jo ikke gøre det bedre. Kunne de blot gøre det så

10

vel, som de beklageligvis ikke formår, men fordrejer og udslukker alt sammen, så at I atter mister både evangeliet og dets frugter. Hvorfor vil I da gennem deres løse skvalder lade jer narre og forføres så skændigt?

Men når Paulus og andre rette prædikanter berømmer sig (som de jo af evangeliet må berømme sig) at de alene er retteligt prædikanter og partierne hører dette, da bliver de vrede og gale og fare frem med dette skin: "O hvor stolt og hovmodig er denne! Han kan ikke rose andet end sig selv, som var han alene som ikke kunne fare vild og ligesom andre ikke også havde Ånden!" Og til dette råb kan de foregive et stort skin af særlig ydmyghed og af stor andagt og intet andet end idel Ånd. Da begynder folk at mene, at det bestemt må være sådan. Desuden har partierne to store fordele hos pøbelen. Den ene hedder *nysgerrighed,* den anden *kedsomhed.* De er to store porte, hvor Djævelen farer igennem med hele Helvede, i det de siger: "Ak, kan da denne ikke prædike mere end om dåben, De Ti Bud, Fadervor og Trosbekendelsen, som også børnene nu kender. Hvad skal det være, at han altid skriger os fulde med den samme prædiken. Hvem kan ikke det? Man må jo ikke altid blive ved det samme, men komme videre" osv. Dette hedder at være blevet mæt og træt af prædikenen. Hertil kommer så nysgerrigheden. Da må man hører: "Ak, vi må også hører denne. Han er en fin, lærd og from mand." Sådan blæser de da afsted kildret af deres nysgerrighed, efter som dem klør i ørerne og siger: *"Godt folk, I har nu så længe altid hørt et og det samme, I må også komme højere og ikke kun hører en, men også høre og prøve andre."* Derefter går man videre, lader sine ører kildre, gaber op med mund og øjne og hører alt det man nogensinde siger en.

Da hedder det, som Moses siger i 5 Mos 29, 19, at den fulde leder den tørstende så begge går fortabt. For læreren er drukken og fuld af den lede Djævel, så han hikker og bøvser; og de er sikre og lader sig lede og lære af enhver som vil, som de der "altid vil lære, men aldrig lærer sandheden at kende", som Paulus siger i 2 Tim 3, 7. Sådanne går også efter os, for sådanne fulderikker vil alle steder give op sit spyt blandt den usle pøbel og sige: "Mener du, at disse har vidst alt eller at du har forstået dem ret? Du må endnu lære meget mere." Derigennem kan en sådan prædikant føre en hel flok i afgrunden.

Enhver som nu vil være sikker mod dette og gå rette vej, skal modtage denne formaning til en advarsel, at han må blive og holde sig klart ved det Ord, som Paulus har prædiket, og må se efter, hvad andre derimod bringer på bane, selv om de sætter stort skin og berømmelse på sit hoved. For her hører du, hvad frugt Paulus' evangelium skaffede hos dem og endnu skaffer alt videre, nemlig at alle derigennem er blevet kristne og salige og må endnu blive det. Når vi nu har dette gennem dette evangelium, hvad vil vi da videre søge efter eller lade os forvilde samt vise og føre os til noget andet? For det som viser os andet, må sandelig ikke være så godt, men være falskt og idel bedrageri, når det foregiver dette, som vi forud har gennem dette evangelium, og derigennem benægter eller jo foragter det alt sammen, (derfor taler han sådan med dem, ligesom der ikke behøvedes videre formaning, men at de kun påminde sig selv og se, hvad de har fået og hvordan de er blevet kristne). For om I ser derpå, vil han sige, så bliver I derved og er sikre for alle slags vildfarelse. For I kan jo let adskille det, som er mit og deres, og i anledning deraf dømme, hvad I har af begge lærere, om de kan finde noget bedre end *mit evangelium, hvorved I er blevet frelst.*

Og her må du mærke, at han *med klare ord taler om evangeliets mundtlige prædiken,* som er sket gennem Paulus, og giver den en sådan titel og pris, at de derved alene står og bliver salige.

Imod vores blinde ånder, som foragter det ydre ord og sakramenterne og i stedet fremhæver deres egen opdigtede åndelighed. Men han sætter dertil en advarsel og siger:

v2b. hvis I da holder fast ved det ord, hvormed jeg forkyndte jer det – ellers var det til ingen nytte, I kom til tro.

Disse ord er hårde og skarpe, men alligevel venlig talt; at man må se, hvor trofast og faderligt han mener det med dem og har omsorg for dem. Han vil sige: "I véd jo, hvad jeg har prædiket for jer, om I kun vil mindes det og holde jer derved og ikke lade jer forlede derfra gennem andre. Så hører I også hvad andre prædiker, om I holder det imod hinanden; hvis I ikke har forkastet det og allerede har ladet det fare og troet forgæves, som jeg dog ikke vil formode.

For han taler som en from prædikant, som både må håbe på det bedste og alligevel ængstes. Han vil altså tillige trøste dem sådan, at de ikke skal fortvivle, og om de bliver fristet til at falde derfra, da atter holde sig hårdt derved. Og alligevel vil han advare dem, at de ikke skal være uden omsorg, men skal betænke, hvad fare og skade, der forestår dem, om de ikke stadigt bliver ved det, som de har fået af ham. Som ville han sige: Jeg siger jer for sandt, om I ikke holder jer ved evangeliet, men hører andre, så har jeg prædiket forgæves og I troet forgæves, og alt er forgæves og fordærvet, som I før har haft, både dåben og Kristus, så at I ingen salighed har at håber på, og alt hvad I nogensinde har gjort, det er mistet og til ingen nytte. Det har I deraf, om I vil hører dem, som berømmer og foregiver noget andet, som skal være bedre. Derfor vil jeg have gjort mit til og være undskyldt, som den der trofast har advaret jer for jeres skade og fordærv. For om det på jer er forgæves og ikke skaffer, hvad det bør skaffe, så bliver skylden ikke min, men jeres egen. For fejlen ligger ikke hos prædikanten, når jeg rigeligt har givet jer, hvad jeg har modtaget (som han bagefter siger), men fejlen må findes hos jer selv, idet I ikke er blevet derved.

Men har I beholdt det, så véd I, hvordan og på hvad måde jeg prædikede for jer. For jeg har jo ikke prædiket på den måde, som de foregiver og talt derom på menneskevis efter fornuften og vor forstand; for denne verdslige måde at prædike eller dømme efter, fordærver og forvansker visselig evangeliet aldeles. *Om I nu har mistet det Ord, som jeg prædikede, så har I også mistet troen og med den alt det, som hører til saligheden.* Det var jo skrækkeligt både at sige og høre, og det bør være en tilstrækkelig advarsel til med al flid at holde fast ved det evangelium, som er prædiket ved apostlen Paulus.

Se, sådan vil apostlen straks i begyndelsen *føre os væk fra alt fornuftens disputeren og belæring til Ordet alene*, som han af Kristus havde modtaget og prædiket for dem, samt dermed vise os, hvordan vi skal gøre og forholde os i alle troens artikler. Som jeg altid siger, at *troen slet intet andet skal have for sig end Ordet* og ikke tåle den mindste grublen; for ellers er det ikke muligt, at den kan forblive og bibeholdes, for menneskevisdom og fornuft kan ikke komme højre eller videre end at dømme og slutte, hvad det ser for øjnene og kender eller med sindet begriber. Men troen må gå over og imod denne kundskab og forståelse og fæste sig ved det, som bliver fremstillet gennem Ordet. Dette kan man ikke gøre ved fornuft og menneskeformåen, men *det er Hellig- åndens værk i hjertet*; ellers behøvede man ingen steder troen og Helligånden, om man kunne fatte det med fornuften eller skulle se eller slutte efter, hvad som rimer sig dermed eller ej.

Som i denne artikel, at jeg skal tro kødets opstandelse, at alle mennesker på én dag atter skal blive levende og *vor krop og sjæl komme sammen, som de nu er sammen.* Det er sandelig ikke menneskekunst eller evner. For her er fornuften og gør intet mere end blot at se på skaberværket, som det ser for øjnene: at verden har stået så længe og den ene dør efter den anden og alle sammen forbliver døde, formuldes og bliver aldeles til støv i graven, og at endnu ikke en eneste er kommet tilbage. Dertil at mennesker så ynkeligt dør bort og forgår, elendigere og værre end noget får eller æsel. Ligeledes at man bliver brændt til støv eller dets støv spredes; at et ben findes i England, en arm i Tyskland, hovedet i Frankrig og man er sønderdelt i så mange tusind stykker, som man plejer at vise helgenernes knogler. Om man nu støder på denne artikel og vil udgrunde den, så er det sandelig aldeles ude. For så mange underlige og urimelige tanker kommer da frem, at det må sige, at sagen ikke har nogen grund. Det sker også i alt andet, hvis den ulykke støder til, at man *begynder at tænke og måle Guds Ord efter sin forstand.* Som hvis et menneske foruroliges af sine synder og sin samvittighed og ikke holder sig blot ved Ordet om nåde og forladelse gennem Kristus, men fæster sine øjne på synden, tænker på lov og gerninger og vil slås og bides dermed, så kommer man visselig fra forladelsen og har mistet den nåde, som man skulle omfatte med troen.

Sådan er det gået alle kættere i den høje artikel om Kristus, som det også endnu hænder vores sværmere angående dåben og nadveren; når de ikke blot tror på Ordet, men grubler og tænker efter med fornuften, som intet andet kan sige, end brød er brød, vand er vand: Hvordan kan brød være Kristi legeme eller vand et sjælens bad? *For man kan eller vil ikke blive ved Ordet eller derover lade sig tage til fange, men vil dertil øve sin klogskab samt selv forstå og mestre det.* Og når man ser, at det er aldeles imod forstanden samt alle sanser og følelser og dertil imod erfaringen, så falder man derfra og benægter det aldeles, eller om man ikke kan komme til rette dermed, *så vrider og vender man Guds Ord med fortolkninger,* så det dog må rime sig med ens begreb og troen ikke har rum, men må vige for fornuften og blive til intet.

Men imod alt dette, som fornuften indgiver eller vil udgrunde og udlede, ja, det som alle sanser kender og begriber, må vi lære at holde os til Ordet og helt dømme derefter, selv om vi ser for øjnene, at mennesker lægges i jorden og dertil at de skal og må forrådne og gives ormene at spise samt til sidst bliver til støv. Ligeledes, om jeg end mærker, at synderne trykker mig så hårdt og at samvittigheden er så forskrækket, at jeg ingen udvej véd, så må troen alligevel omfatte det, som er modsat og i begge disse stykker holde hårdt fast ved Ordet.

For om du vil dømme efter det, du ser og kender, og når man foreholder dig Guds Ord, derimod vil sætter dine følelser og sige: Du siger mig vel meget, men mit hjerte siger mig noget helt andet; om du mærkede, hvad jeg kender, så skulle også du sige meget anderledes; så har du ikke Guds Ord i hjertet, men det er gennem dine egne tanker, fornuft og overvejelser dæmpet og udslukket. *Kort sagt: Hvis du ikke vil lade Ordet gælde mere end alle dine følelser, øjne, sanser og hjerte, så må du gå fortabt, og du står ikke til at hjælpe.* For det hedder en *trosartikel* og ikke nogen fornufts eller visdoms eller menneskekrafts og menneskeevners artikel. Derfor må du også her kun dømme efter Ordet uden hensyn til hvad man kender og ser. Jeg mærker også, at min synd samt loven og Djævelen trykker mig, så at jeg derunder ligger som under en tung byrde; men hvad skal jeg gøre? Skal jeg miste modet i anledning af en sådan følelse og af min evner, så må jeg og alle mennesker fortvivle og forgår; men vil jeg, at

16

jeg skal få hjælp, så må jeg sandelig vende mig om og se efter Ordet og som følge deraf sige: "Jeg kender vel Guds vrede, djævel, død og Helvede, men Ordet siger noget andet, nemlig at jeg har en nådig Gud gennem Kristus, som er min Herre over djævle og alle skabninger. Jeg fornemmer også godt, at jeg og alle mennesker må forrådne nede i graven; men Ordet siger noget andet og at jeg med stor herlighed skal opstå og lever evigt."

Dette hedder nu *troens kunst og visdom*, som gør verdens visdom til dårskab, som holder dette for en bedragerisk prædiken og taler sådan: "Ja, evangeliet kan intet andet sige, end at vi skal være herrer over død, synd og al ting, og alligevel ser vi kun det modsatte på os og al verden, at der intet liv er, men idel død, synd og Djævelens vold." Derpå grunder han sig og siger: "Prædik hid eller did, og sig hvad du vil, så ser jeg alligevel meget andet." Derfor må her blive de to, at vi er herrer over Djævelen og døden og alligevel tillige ligger under deres fødder. *Det ene må tros, det andet kendes*. For verden og hvad som hører til dets væsen må have Djævelen til herre, som med al magt ligger os over og er os langt overlegen; for vi er hans gæster som i et fremmed herberg. Derfor må vi, så meget som hos os er, af verden og dette liv i kød og blod, være ham underkastet, at han omgås med os efter sin vilje.

Men du siger: "Hvad prædiker og tror du da, når du selv tilstår, at man intet kender og ser, så må jo din prædiken intet andet være end blot en drøm; for om noget er, så må jo erfaringen også vidne derom?" Svar: "Det er, som jeg siger, at det på forhånd skal tros ud over erfaringen, som ikke er menneskeligt at tro, og det kendes, som man ikke kender. Så at just efter det Djævelen, efter følelsen er min herre, må han være min tjener, og når jeg ligger under og hele verden er mig overlegen, så ligger jeg ovenpå." Hvordan er det muligt? Skal det være sandt, så må jo erfaringen komme dertil og findes? Ja retteligt; men det hedder sådan: *"Følelsen skal følge bagefter; men troen må forud være for hånden uden og over følelsen."* Sådan må min samvittighed, idet at den kender synden og derfor er bange og bæver, være en herre over synden og sejrsvinder, *ikke i følelser eller tanker, men i troen på Ordet* og dermed så længe trøste og opretholde sig imod synden, til synden er aldeles borte og ikke mere kendes.

Sådan er også døden vel blandt os, så den ikke kan opsluge eller beholde os, men den ligger dog på os med pest, sværd og alle slags plager og kaster os under sig i graven, så at vi der må forrådne og alligevel ikke blive derover evigt, men skal slå os igennem og fremkomme klarere end Himlen med sol og stjerner. Måtte det ikke også gå sådan med Kristus, da han var død og begravet? Da var heller ikke nogen følelse eller venten efter livet; og det var jo for disciplene ganske svært at tro, at Kristus nede i graven og under den forseglede sten skulle være en Herre over død og grav, som de selv sagde: "Vi håbede, at han skulle være den, som skulle forløse Israel," Luk. 24, 21.

Derfor ligger al magt der på, som Paulus her formaner, at man holder sig strengt til Ordet, som vi har fået, samt altid påminder sig det og værger sig dermed imod alt spørgsmål, belæring og disputeren og ikke giver Djævelens tanker rum, ligegyldig hvad det sker i det ydre gennem hans partier eller indvendig i vores egne hjerte. Sådan erfarer vi Guds kraft og magt i samme ord, nemlig at vi derigennem bliver salige og kun derigennem består imod Djævelens vold og al vildfarelse. For at jeg skal blive stående i den tro, at jeg er en kristen, Guds barn og salig, når jeg kender synden og en ond samvittighed, og få evigt liv med et skønt og herligt legeme, når jeg ligger under jorden, dertil fordres en guddommelig og himmelsk kraft og visdom, som ikke retter sig efter nogen følelse og syn, men kan se over dette og er

18

forvisset på, at dette ikke er menneskeskvalder eller drøm, men Guds Ord, som formår at gøre langt ud over, hvad vi forstår eller begriber. Når han allerede har opvakt vor Herre Kristus, selv om ingen er blevet så forsmædeligt aflivet eller faldet i en så fortvivlet og efter loven forbandet død, så at hans navn har været meget værre ildelugtende end noget andet menneskes på jorden. Alligevel har han bevist, at *Skriften er mere end alle menneskers tanker, følelser og erfaringer.*

For ingen havde kunnet begribe eller tænke, at Kristus skulle blive levende på tredje dagen, og der var i hele verdens visdom ikke en gnist, som vidste deraf. Alligevel er Ordet her, som når han endnu ligger i graven siger, at han lever; og som det siger, må det ske, om end al verdens sans og forstand og al ting er derimod. Sådan er det også med os: Der ligger de døde under jorden for længst forrådnet eller forvandlet til støv og blæst bort; men i Ordet, som vi tror og bekender, er de visselig levende og skal opstå. Verden har og formår det ikke, men Ordet har og formår det, og det må ske sådan; for *Ordet er Guds egen kraft og magt.*

Derved skal vi holde og trøste os, selv om vi ikke tror så stærkt, som vi burde, og det ikke vil med eftertryk lade sig kende i hjertet, som vi gerne ville, alligevel sådan, at vi altid holder os derved, altid har det for os og ikke slipper det af hjertet. Ligesom vi også med svaghed tror, at vi gennem Kristus er herrer over verden og Djævelen selv om vi meget mere erfarer modsætningen, men trøster os derved så meget vi kan, for vi har Ordet, som er over al magt og visdom.

Altså – skønt jeg har følelse af mine synder og ikke kan have et trygt og glad hjerte, som jeg gerne ville, så skal jeg alligevel lade Ordet være rådende, så at jeg deraf kan sige: "Jeg er en herre over synden og vil ikke vide af nogen synder." Ja vel, siger du, lad din eget samvittighed sige dig det, som kender og erfarer meget andet. Det er visselig sandt, at om det gik efter mine følelser, så var jeg fortabt; men Ordet skal gælde og være over min og al verdens erfaring, hvor ringe det også synes og med hvilken svaghed det end af os bliver troet. For alle ser vi, at synden tværtimod fordømmer os og erklærer os skyldige til Helvede, at døden opæder os og al verden, så at ingen kan undgå den samme; og du taler for mig om liv og retfærdighed, hvoraf jeg ikke ser en gnist, hvilket sandelig må være et svagt liv, for vor tros skyld. Men hvor svagt det end er, om kun Ordet og den lille trosgnist bliver i hjertet, så skal en sådan livsens ild bliver deraf, som opfylder Himmel og jord og skal fortære både døden og alt ondt som en vanddråbe. Den svage tro skal slå sig igennem, så at man ingen død mere skal se eller kende. *Men dertil fordres en heftig kamp, så man kan beholde Ordet imod vore følelser og erfaringer.*

Derfor er ikke troen en så ringe ting, som man mener, men *troen er en fortræffelig helt*, idet den skal kunne holde sig til Ordet, som synes at være så ringe og intet, at hele verden ikke vil give en halv øre derfor. Alligevel gør den så stor ting og er så mægtig, at det skal slå Himmel og jord ned og åbne alle døre i et øjeblik. Hvis du kun bliver derved, så skal du derigennem lever evigt og bliver en herre over al ting, selv om din tro nu er svag og denne fornemmelse stærk og du lever, med hvad svaghed du må lever, blot du ikke lever efter dine tanker, men efter Skriften. For Djævelen har hidtil så længe kæmpet med Skriften og Ordet, men endnu aldrig kunnet vinde og omstyrte det. Visselig gør han det, at han sniger sig omkring os på alle sider, for at han må rykke os derfra, men han kan ikke røre Ordet. Og når du har det samme i hjertet, så går han dig ikke ret under øjnene; han kan vel få dig til at bæve, men vinder ikke over dig.

Sådan siger Skriften om patriarken Jakob i Visdommens Bog 10, 12: "I den hårde kamp gav visdommen ham sejrsprisen," så han måtte lære af kampen og sejren, hvor mægtigt Ordet var. For ellers bliver man aldrig klar over, hvad for en kraft, som ligger i Ordet, inden man kommer til en kamp, hvor man erfarer, at det kan opretholde imod al vildfarelse, synd, død og djævel. Det tror verden ikke, heller ikke de, som vil dømme efter sine egne følelser og plage sig ihjel med svære tanker om synden og døden, inden de kan blive sådanne tanker kvit og få andre. Men det sker ikke. Her hjælper ingen anden trøst, end at man holder sig til Ordet, som siger: "Hører du ikke, at Kristus er opstået for dig og har afsonet din synd og død?" Kort sagt: Vi kan ikke befri os for synden, døden eller Helvede uden gennem dette evangelium, som Paulus her forkynder sig og siger, at vi derigennem står og bliver salige. Om han vidste af noget andet at trøste og opretholde os med, så havde han uden tvivl også givet dem det.

Hertil viser han jo nu den letteste kunst, at ingen omkostninger eller besvær behøves: Det koster ikke mere end et ord. Dermed skal vi bestå imod døden og alle vores fjender. Og selv om vi oplever det anderledes og er svage, ligger der ingen magt på det, blot man kun bliver ved Ordet. For en moder bortkaster ikke sit barn, fordi det er svagt og syg. Svagt er det vel og kan ikke hjælpe sig selv, men når det bliver i moderens skød og favn, har det ingen nød. Men mister det moderens pleje, så er det fortabt. Sådan bør også du, hvis du vil blive salig, se til at du kun bliver ved Ordet, hvorved Gud bærer og vil opretholde dig, så du ikke skal gå fortabt.

v3-7. Jeg overleverede jer nemlig først og fremmest, hvad jeg også selv har modtaget: at Kristus døde for vore synder efter Skrifterne, at han blev begravet, at han opstod på den tredje dag efter Skrifterne, og at han blev set af Kefas og dernæst af de tolv. Dernæst blev han set af over fem hundrede brødre på én gang, de fleste af dem er endnu i live, men nogle er sovet hen. Dernæst blev han set af Jakob, siden af alle apostlene.

Med disse ord forklarer og gentager han, hvad hans evangelium har været, som han havde prædiket for dem, hvorved de må stå og bliver salige. Derfor gør han en hel prædiken om Kristi opstandelse, som man grundigt må læse og behandle påskedag; for deraf flyder grunden og årsagen til denne artikel, som han behandler om de dødes opstandelse og beviser samme sin prædiken i sandhed kraftigt og vældigt med vidnesbyrd både af Skriften og mange levende mennesker. Han vil sige så meget:

Jeg har ikke givet jer andet, end det jeg også selv har modtaget, og véd endnu intet andet at prædike til grund for vor salighed end om Herren Kristus, at han virkelig både er død og atter opstået fra de døde. Dette er indholdet og summen af mit evangelium, derpå jeg og I er døbte og hvori vi står. Sådan har jeg ikke stjålet det eller opspundet og drømt det af mit eget hoved, men jeg har fået det af Kristus selv. Dermed gendriver han de falske lærere, som ville han sige: Prædiker de noget andet, så kan det jo ikke være modtaget af Kristus, men er deres egne drømme og digt. For de har jo ikke fået det af os eller af andre apostle, når vi jo alle stemme overens og er enige, meget mindre af Kristus. Derfor må det være idel svig og bedrageri.

Sådan berømmer han sig også i Gal 1, 12 imod de falske apostle, at han ikke har fået sin lære af mennesker, heller ikke af selv apostlene, heller ikke prædiker han af menneskefornuft og kunst, men har en sådan prædiken, som intet mennesker har opfundet eller han af sig selv har vidst og fundet, men har måttet få gennem guddommelig åbenbarelser, som de falske ikke kan berømme sig af eller bevise. Ja, han har så aldeles intet gjort eller arbejdet dertil ved sin egen forstand for at få dette, at han inden forfulgte og kæmpede derimod som en rasende vildhund. Så helt overgår Guds Ord al fornuft, ja, overgår apostlenes egen kunst og visdom, så at ingen af egne kræfter eller forstand kan komme dertil, meget mindre gøre eller optænke noget bedre, som de andre foregav hos korintherne.

Men han sætter imod deres falske lærer *to slags vidnesbyrd* om sin prædiken eller evangelium, som han prædiker om Kristi opstandelse: Først at han taget det af Skriften og beviser det med denne. For det andet sin og mange andres egen oplevelse, som har set Kristus opstået. For det hører en retsindig mand til at kunne begrunde og bevise det, som han siger, og bestyrke det ikke kun med ord, men også med gerninger og eksempler både sine egne og andre. Derfor opregner han dem, som var vidner til Kristi opstandelse, af hvilke han er blevet set. Først af Kefas eller Peter, siden af de tolv apostle, for hvilke han viste sig levende, så at de har set og hørt ham, og *han har været sammen med dem i ydre og synlig måde.* Derefter også af mere end fem hundrede brødre, som var forsamlet. Derefter og særlig af Jakob og sidst af alle apostlene.

Her kalder han alle dem apostle, som af Kristus var sendt til at prædike. For de tolv udvalgte han specielt (som noget mere end blot apostle og sendebud) som sine vidner, ikke kun om opstandelsen, men også om hele hans levned samt de ord og gerninger, som de havde set og hørt, så evangeliet efter Kristus måtte udbredes gennem dem. De er alle, sammen med mig, visse vidner til det, som vi har set og erfaret, er sket, som det forud er forkyndt i Skriften.

Se, hvordan han atter berømmer og ophøjer *Skriftens og det ydre Ordets vidnesbyrd*, idet han fremholder og gentager ordene "efter Skrifterne". Og sandelig ikke uden årsag: Nemlig først til at forhindre de gale ånder, som foragter Skriften og den ydre prædiken og i dets sted søger andre hemmelige åbenbarelser. Alle steder er nu fulde af sådanne sværmerånder, som af Djævelen forvirret, *anser Skriften for døde bogstaver* og berømmer idel ånd, men dog hverken beholder Ord eller ånd. Men her hører du, hvordan Paulus anfører Skriften som sit stærkeste vidnesbyrd og viser, at ingen anden grund dur til vor tros og lærers bibeholdende end *det legemlige eller skriftlige Ord, som er forfattet i bogstaver og igennem ham eller andre mundtlig prædiket.* For her står klart: Skriften, Skriften. Men Skriften er ikke kun idel ånd, som disse skrækkelige foregiver, at Ånden alene må gøre det og at *Skriften er et dødt bogstav, som ikke kan give liv.* Men det hedder sådan: *Selv om bogstaverne ikke i sig selv giver liv, så må de alligevel være der samt høres og modtages og Helligånden derved virke i hjertet,* samt hjertet gennem Ordet og i Ordet opretholdes i tro imod Djævelen og al anfægtelse. *Hvis man lader Ordet fare, må man straks miste Kristus og Ånden.* Pral derfor ikke så meget af Ånden, hvis du ikke har det ydre åbenbare Ord; for det kan sandelig ikke være nogen god ånd, men den lede djævel i Helvede. For *Helligånden har jo forfattet* sin visdom og sit råd samt alle hemmeligheder i Ordet og *igennem Skriften* åbenbaret det, så at ingen har årsag til at søge og lede efter noget andet. Heller ikke er noget højre og bedre at lære og finde end det, som Skriften lærer om Jesus Kristus, Guds Søn, vor Frelser, som for os er død og opstået.

24

For det andet gør han det, for på den anden side at forhindre at man i denne og andre artikler rådspørger fornuften eller hører, hvad verden med sin visdom dybsindigt tænker derom. For om man spørger dem derom og lader dem mestre heri, så har ikke troen ingen plads, men holdes for en bedragerisk prædiken og der bliver kun pjat deraf, som det gik hos korintherne og vi herefter yderligere skal høre. Men vi, som vil være kristne og af troen, vi skal ikke se eller spørge efter, hvad menneskevisdom siger her eller hvordan det stemmer overens med fornuften, men det, som Skriften lærer os, gennem hvilken dette forud er forkyndt og nu også er bekræftet gennem åbenbar vidnesbyrd og erfaring. *Den, som ikke vil tro det, lader vi fare, hvor han helst vil; for han har og tror sandelig ingenting om Kristus og evangeliet.*

For dette evangelium fører ingen partiånd nogensinde på banen, han må være så klog og lærd han vil, at han så uimodsigelig kan bevise sin sag både af Skriften eller Guds Ord og siden med mennesker, som har set og erfaret dette. Og du må frimodigt trodse dem, at de står frem og beviser deres sag. *For det er sandelig alle partiers sædvane, at de først kommer frem med sine egne tanker, som stammer fra fornuften. Og skønt de tager Skriften for sig, så har de dog først fastlagt deres egne tanker og derefter tvunget Skriften, så at den må stemme overens dermed og lade sig vride og dreje derefter.*

Sådan ser vi nu vor tids *sværmere gøre med dåben og nadveren.* Først har de af sit eget hoved set, at dåben er idel vand som andet vand. Når de har fattet det og ikke kan anse det anderledes, så løber de ind i Skriften. Her har de fundet, at man ikke skal fortrøste sig på noget skabt; at ydre ting ikke skal kunne hjælpe sjælen, osv. Heraf opspinder de deres lære: Vand er vand, og man skal ikke fortrøste derpå, når det er skabt; derfor skal dåben ikke kunne være sjælens bad og rense synden. Da må sådanne Skriftens ord, at man ikke skal fortrøste på noget skabt, tjene til deres påfund og vidne med deres drøm og tanker. Nu er disse ord fra Skriften sande og visse; men se, hvor skændigt de drager og fører dem til dåben, idet de deraf vil gøre noget blot skabt. Men det er ikke sandt; *for Gud selv, tillige med Kristus, sin kære Søn og Helligånden, er deri.*

Sådan gør de også med den hellige nadver, som for dem må være idel brød og vin. Sådan gør de også med det mundtlige Ord og andre Guds indstiftelser, som med verdslig øvrighed, ligeledes med ægteskabet. Derfor udtaler de sig forsmædeligt: Ægteskabslivet er et verdsligt og syndigt liv, for det hænger ved det skabte, hustru og børn, hus og hjem osv. Men den, som vil tjene Gud, bør være ren fra alt skabt. Når de uforstandige hører dette, så falder de straks til, som var det en kostelig ting, foragter ægteskab, øvrighed og alle samfundsopgaver, som Gud har forordnet. For det er en skøn tanke, til hvilken de drejet mange Skriftens ord, til eksempel, at man skal elske Gud over al ting, forkaste hus, ejendele og al ting for hans skyld osv. Disse ord vrider de til at styrke deres drøm, at ægteskabet er en kødelig ting, hvorfra man må blive ren, som fornuften med sin blinde mening anser det, *skønt Skriften priser og ophøjer det som en Guds Ordning.* Og alligevel har de et smukt skin for pøbelen, når de vrider Skriftens ord, så mennesker ikke kan værge sig mod deres rænker.

Men vi siger sådan: Mand og kvinde må anses for, hvad de vil efter ydre hensyn og med fornuften, så er de alligevel *prydet med den skønne prydelse, som hedder Guds Ord*, som skabte dem til ægteskab samt førte dem sammen og velsignede dem. Dette er det bånd, som sammenbinder dem sådan, at de ikke skal løber fra hinanden, men blive sammen efter Guds bud og befaling. Ægtestanden er altså grundet i Guds Ord samt derved helliget og rent, at man ikke bør udråbe det for kødeligt og syndigt. Men at man kun ville anse dem efter hat og tørklæde, som de gale helgener af sin fornuft gør, det kunne også et svin; for det var vel også så klogt, at det kunne sige, ikke at se noget helligt derpå. Men den, som ser på Guds Ord, hvormed standen er indsat og stadfæstet, lader ikke sådanne drømme og falske fortolkninger af Skriften forvilde sig. For Ordet lærer klart, at det ikke kan være en forkastelig stand, men i sig selv må være Gud behageligt og helligt, om man kun retteligt bruger det. Og deraf kan man slutte, at når det har Guds Ord og befaling, så skal man ikke forkaste det.

Men, siger du: Ordet lyder alligevel sådan, at man skal forkaste alting. Ja, ret. Men hvad skal man forkaste? Sandelig ikke sådan, at man skiller mand og hustru, som Gud har sammenføjet. Hvorfor skulle han ellers have sammenføjet dem og tilføjet et bud? Men på den måde, nemlig når det kommer dertil, at man må forkaste enten Kristus og Guds Ord eller hustru og børn, som Kristus tydeligt siger i Mark 10, 29: "På grund af mig og på grund af evangeliet."

Dette siger jeg til et eksempel, hvoraf man må se, hvordan de ikke retteligt lære Skriften eller selv forstår, hvorfor Paulus berømmer sin lære som vældigt bevist af Skriften, og også til advarsel, at man må vogte sig for ikke at spørge meget om, hvad fornuften siger dertil, heller ikke hører efter sværmere og partier, men kun se på Skriften. For om man ikke holder sig til den, så har både sekterne og din egen fornuft snart forført dig. Jeg er selv en doktor og har læst Skriften – alligevel hænder det mig vel daglig, hvis jeg ikke står ret i min rustning og er vel væbnet dermed, at sådanne tanker falder mig ind, at jeg skulle miste Kristus og evangeliet – og må dog stadigt holde mig til Skriften, at jeg må blive stående. Hvad vil da det menneske gøre, som farer aldeles ud over Skriften og efter sin blotte fornuft? For hvad skulle jeg tro om denne artikel, at et andet liv skulle komme efter dette, om jeg ville følge fornuften, når det sværmer for mig med disse tanker: Hvor bliver den af, som ormene æder og sluge eller som bliver tilbage i havet eller også sluges af fisk og fortæres på forskellige måder? Hvor bliver de af, som er brændt til idel aske og støv, samt udstrøs og flyver bort over hele verden, ja hver og et menneske, som bliver til jord og forrådner? Sådanne tanker kan jeg også finde i alle andre artikler, hvis jeg følger efter min forstand, også dem, som synes mindst: som om Jomfru Maria, hvordan hun kunne blive gravid uden en mands hjælp. Men det hedder: *Vi prædiker sådanne artikler, som ikke grunder sig på menneskefornuft og forstand, men på Skriften.* Derfor skal man heller ikke søge eller bevise dem andetsteds end i Skriften.

Dette er nu et stykke, hvormed man gendriver partiånderne, for det de med deres egen mening komme frem med uden Skriften og ikke kan vise noget begrundelse for. Det andet er, at ingen af dem formår at fremdrage et eneste vidne, som kan bevise det af egen oplevelse. Som han også i Kol 2, 18 tydelig beskriver sådanne, når han siger om dem: "Nogen, som går ind for falsk ydmyghed og engledyrkelse, fordyber sig i egne syner og uden grund er indbildsk i sit verdslige sind." Som ville han sige: Det er visselig alle partiers art, at alt, hvad de anfører, har ingen af dem set eller erfaret, men som de mangler Skriften og Ordets vidnesbyrd, sådan har de heller intet vidnesbyrd af erfaringen. "Men vi", siger Kristus i Joh 3, 11, "taler om det vi véd, og det vi har set, vidner vi om." Og Johannes i 1 Joh 1, 1-3: "Det, som var fra begyndelsen, det, som vi har hørt, det, som vi har set med vore øjne, det, som vi betragtede og vore hænder rørte ved: livets ord, som vi har set og hørt, forkynder vi også for jer." Altså prædiker også vi her i denne artikel, siger Paulus, det jeg og alle apostle tillige med fem hundrede brødre så og med mig enigt bekender.

Nu er jo skamløse ånder, som uforfærdet tør lære det, som de selv intet véd om og hverken med Skrift eller eksempel kan anføre noget vidnesbyrd om læren eller sagen, så at det som de siger, intet andet er end en dobbelt løgn både med hensyn til læren og sagen og intet mere end et blot ingen ting. Alligevel kan de råbe og prale meget og forføre folket med fortræffelige, store ord, ja, de sværger dertil, så at man må tænke, at det er idel sandhed, som de i vor tid har gjort om nadveren og endnu gør. Ligeledes også pavens hop, munke og messepræster med deres gerningslære. For al deres prædiken er denne: Hvis en from munk lever efter sine regler, så bliver han salig, om Gud vil. Ligeledes: Hvis et menneske giver mange almisser og stifter gudstjeneste, så får han god tillid til Gud, så han derfor skal give ham Himlen.

Altså prædiker og lærer de alle sammen på en uvis indbildning, det ingen af dem endnu har erfaret, og formår ikke at fremvise en eneste, som kan vidne derom og sige: Ja, jeg har erfaret det. For jeg har også været en sådan from munk i femten år, alligevel har jeg ikke kunnet komme så langt en eneste gang med alt mit messen, beden, fasten, vågen og mit klosterliv, at jeg havde kunnet sige: Nu er jeg vis derpå, at Gud er mig nådig, eller nu har jeg forsøgt og erfaret, at min orden og mit strenge levned har hjulpet mig og bragt mig til Himlen. Er det nu ikke en dødelig lære og en forfærdelig plage, at man narrer og snyder folket med dette skvalder, hvortil de alligevel ikke har nogen grund i Skriften eller noget sikkert vidnesbyrd, men man snakker kun og forblinder mennesker med løst skin og syner, som Djævelen legemligt forblinder og gør med et spøgelse, som dog i sig selv intet er.

Derfor skal vi optage disse Paulus' ord som en formaning til stadigt at blive ved den lære og prædiken, hvorpå vi har både den visse Skrift og også erfaringen. De skal være to vidnesbyrd og ligesom to prøvesten for den rette lære. Hvem som nu ikke vil tro disse to og dertil søger noget andet eller holder sig til andre, hos hvilke han ikke finder det, han bliver med rette forført. Alligevel har det ikke hjulpet, hjælper heller ikke endnu hos den store flok, som vil bedrages og forføres og *kun ser efter, hvor man fører noget nyt og kan forkynde det med et smukt skin.* Men den, som vil lade sig undervise og ikke tage fejl, må se efter disse to stykker: Hvem, som kan styrke sin lære med vidnesbyrd fra Skriften og en sikker oplevelse, som vi kan bevise vor lære og prædiken. For jeg kan også, Gud ske lov, prædike af erfaringen, at ingen gerninger kunne hjælpe eller trøste mig imod synden og Guds dom; men Kristus alene stiller og trøster hjertet og samvittigheden. Og jeg har desuden hele Skriften til vidne og eksempel fra mange fromme mennesker, som siger og har erfaret det samme. Hvorimod alle partier hverken af sin egen eller andres oplevelser kan bevise eller begrunde noget.

Til sidst skal det også bemærkes, hvordan Paulus beskriver og definerer sit evangelium, nemlig at det er en sådan prædiken, hvori man lærer, at Kristus er død for vores synder og opstået, og beviser begge disse dele ved Skriften. Her har du det allerkortest, alligevel tydeligt forfattet, at du deraf kan dømme om al lære og levned, så at den, som udgiver noget andet for evangeliets lære eller lærer og sætter noget dertil af vort levned og egen hellighed, han forfør visselig folket. For her hører du jo slet in-

gen gerning prædikes, heller ikke hvad jeg skal gøre eller und-
lade til at betale for synden og borttage den samt for Gud bliver
retfærdig, men alene hvad Kristus derfor har gjort, nemlig at han
er død og opstået. Det er jo ikke mine gerninger eller en helgens
eller noget menneskes på jorden. Men hvordan får jeg det, så det
må gavne og hjælpe mig? Ikke anderledes end ved troen. Som
han har sagt, at de ved troen har modtaget det samt står derved
og bliver salige. Og straks herefter atter igen siger: "Sådan har
vi prædiket, og sådan har I troet." Sådan driver han altid disse to
stykker som hovedartiklen og summen af evangeliet, hvorved vi
bliver kristne og salige, om man ellers beholder det og bliver
derved, ikke lader det forgæves være prædiket, som jeg derom
ofte og meget udførligere har sagt.

**v8-11 Men sidst af alle blev han også set af et misfoster
som mig; for jeg er den ringeste af apostlene, ikke vær-
dig til at kaldes apostel, fordi jeg har forfulgt Guds kirke.
Men af Guds nåde er jeg, hvad jeg er, og hans nåde imod
mig har ikke været forgæves; jeg har arbejdet mere end
nogen af dem, det vil sige ikke jeg, men Guds nåde, som
har været med mig. Men hvad enten det nu er mig eller
de andre: Sådan prædiker vi, og sådan kom I til tro.**
Jeg har ikke modtaget det af andre, som har været apostle før
mig samt hørt og set Kristus og har spist og drukket med ham,
men jeg har selv set ham så vel som alle de øvrige og er af ham
gjort til apostel, så at jeg vel tør berømme mig at være apostel,
som jeg også skal berømme mig. For dette er en ret apostolsk
egenskab, som anstår enhver apostel at berømme sig af, at han
af sin herre *uden mellemmand er sendt og har befaling*. Sådan

berømmer Paulus sig altid (Gal 1, 1), at hans apostelembede ikke er blevet ham betroet af mennesker, heller ikke gennem mennesker, men af Kristus og *gennem Kristus selv*, så at han særskilt har åbenbaret sig for ham efter alle apostlene og særskilt givet ham befaling at prædike evangeliet blandt hedningerne, som han beviser i ApG 22, 15-16, samt 1 Kor 9, 1 og 2 Kor 12.

Men han kalder sig med mærkelige ord "et misfoster", det er et barn, som er født alt for tidligt, inden det er helt færdigdannet og klar og, som vi siger, ikke bliver døbt. For sådan som disse børn kommer til verden, inden det bør komme og ikke kan leve eller se solen, som Sl 58, 9 siger, og ikke bliver glad for dette liv, sådan er det også sket for mig, vil han sige. Jeg er som et umodent eller for tidlig født foster kommet ud af moderlivet, som var synagogen eller den jødiske forsamling, som jeg var og levede i og som skulle føde mig åndeligt og føre mig til Guds rige, så jeg skulle lever for Gud og bære frugt samt føde åndelige børn til livet, som de andre apostle af det jødiske folk. Men deraf blev et ufærdigt og dødt barn, som forfulgte Kristus og hans kristenhed, så at det for denne min moder ikke har gået retteligt til med mig og som det bør gå. Hun har ikke så født mig som folket under loven burde fødes, forvaret og indesluttet under loven som i moderlivet, så det måtte blive beredt til Kristus, samt erkende, lære og modtage ham.

Sådan forkaster han med disse ord al sin tidligere egne hellighed, som ville han sige: Jeg har ganske vist været en from jøde og været ustraffelig i loven mere end nogen i min slægt, som han siger i Gal 1, 13-14. Alligevel regner jeg alt sammen som en umoden og ødelagt frugt, som ikke dur til noget og aldrig ser solen, indtil jeg gennem Kristus blev født på nyt. Ligesom dette barn fra moderlivet bliver båret bort og i samme stund begravet fra det ene mørke til det andet, altså er al min retfærdighed efter loven bare en forkastelig ting, som for Gud ikke dur, men kun pådrager fordømmelse, så at jeg nu må skamme mig derfor og selv fordømme mig for det, som jeg før holdt for noget dyrebart og mente fortjene meget hos Gud dermed. Sådan er nu jøderne og alle jødiske helgener et utidigt foster, som ikke ser solen, som er vor Herre Kristus, men forbliver i mørket og går fra den ene død til den anden. Derfor kan jeg ikke berømme mig, som havde jeg gennem min hellighed og fortjeneste kommet derhen, at Kristus åbenbarede sig for mig samt tog mig til nåde og gav mig apostelembede, men jeg havde blevet en lige så død og forkastet frugt som de andre, som bliver i deres jødiske blindhed. Men skulle jeg blive en god frugt og duelig til livet, så måtte jeg i Kristus bliver født gennem dåben samt gennem evangeliet føres hertil, opfostres og vokse op.

Men han gør et vidtløftigt indlæg om sit embede, inden han atter kommer til den artikel, som han har taget sig for, om de dødes opstandelse. "Jeg er den ringeste af apostlene", siger han, "men af Guds nåde er jeg det, jeg er." Dermed vil han sige, at ingen skal foragte hans apostelembede, skønt han var den sidste og med hensyn til sin person uværdig samt forud havde forfulgt Guds kirke. For Gud havde gennem ham udrettet meget mere end gennem nogen af de andre, også de højeste apostle. For partiånderne gjorde med ham, som de altid gør, og brugte den tale som sin regel og hovedkunst, at de sagde: Er Helligånden en så ussel tigger, at han ikke kan finde nogen anden end denne ene Paulus? Ligesom de nu for tiden sige: Er de i Wittenberg alene så kloge? Skal slet ingen ellers vide noget og Ånden ikke også kunne være hos os? Hvad kan da de mere end vi? Og efter dem skråler også de grove folk og siger: Jeg er jo også en kristen og har så vel Ånden som min lærer eller doktor. Skulle jeg ikke kunne prædike og dømme lige så godt som ham? Sådan farer de frem med idel ånd i fuld sværm.

Nu er for en ret kaldet apostel og tro prædikant ubehageligt at høre og se, at man sådan foragter det kære embedet og Ordet, takker dårligt derfor og vil være klogere. Men hvad skal man gøre? Det bliver ej anderledes og står ikke til at hindre, når Kristus selv ikke kunnet undgå det, men måtte klage derover og Salomo klager også over, at der ingen ende er på at belære de rette mestre og skrive bøger efter bøger (Præd 12, 12). Og det må altid gå sådan, at hvor Gud giver nåde, så en begynder og retteligt driver noget, så følger straks en hel sværm, da enhver også vil være klog og gøre alting bedre, så at man intet andet udretter, end at man giver verden årsag at blive fuld af sådanne kloge mestre. Sådan har det også hidtil gået blandt de såkaldte skolastikere; da De Fire Sentensbøger var udkommet og en eller to havde skrevet om den, så sværmede siden alle med sine skriverier, og ingen syntes at være en doktor, med mindre han havde ladet sin kunst se og derover skrevet en særskilt bog. Ligeledes går det i alle andre kunster, ja, i alle professioner, så at de rette mestre må finde sig i sådanne slyngler og kopister, som altid sniger sig ind og, skønt de slet intet kan, alligevel vil gøre alt efter og bedre.

Hos sådanne udrettede heller ikke Paulus mere med sit evangelium, når han med al troskab havde prædiket, end at åbne de unyttige munde vidt op, som intet andet kunne end at foragte og belægge ham med fejl samt i sådanne ord hæve sig: "Kære venner, vi er heller ikke født af en sten; ja, vi er såvel døbt og kristne som Paulus. Hvad har han været andet end en kristenhedens forfølger, som han selv må sige, dertil ikke nogen anseelig person uden en lille og mager krop. Som de også bebrejdede ham hans røst og udtale, så var de derimod store skrighalse, som pøbelen gerne hører, og kunne fylde ørerne. Og sådan gjorde de alt, hvad de kunne finde på ham, foragteligt og af ingen værdi, så de derigennem måtte smykke sig og skaffe sig popularitet. Som de også nu gør med os og efter os mange, som nu ikke er værdige at løse vor skorem, på det højeste kritiserer og forklejner os, som var vi mindre end intet.

For sådannes skyld må han om sig selv påpege dette, som ville han sige: Jeg véd godt, at de med en sådan berømmelse besmitter og sværter mig til samt bestræber sig på, at de bliver anset for gode og duelige mænd af stort anseelse. De kritiserer og forbander mig som den ringeste og uværdigste blandt apostlene. Ja, de regner mig ikke for nogen apostel. Men hvad skal jeg derved gøre? Jeg må befale det til ham, som kristenheden, dåben og evangeliet og alt tilhører. Vil han ikke selv håndhæve og opretholde det, så hjælper mit gørende intet derved. Jeg kan intet mere end at sige, det som er det rette evangelium og Guds Ord, samt dertil formane og advare. Hvem som ikke vil hører og følge mig, må fare sin vej på sit eget ansvar. Sådan må vi også gøre med de af vores og kan intet mere end advare med al flid og troskab, så blot læren må forblive ren. Den, som nu ikke vil modtage det, må vi lade fare sin vej og se, hvad han vinder. Vil han ikke vide af den rette lære og de rette apostle, så skal han finde partier nok og Djævelen dertil. Imens må Gud se til, at hans kristenhed alligevel bliver ved magt. Og det skal intet hjælpe, at de fjendtligt råber, at de er lærde og apostlenes disciple, men jeg en landstryger og affældig apostel.

For jeg tør vel selv sige mere, siger Paulus, nemlig, at jeg har været de kristnes forfølger og morder og bestræbte mig på, at jeg måtte udrydde hele kristenheden, og er ikke værd at hedde apostel. Som også jeg og andre fromme mennesker med mig selv om os bekender, at vi under pavedømmet har været fortvivlede og fordømte mennesker og skændigt tilbragt vort liv i munkstanden, hvor vi daglig spottede og forhånede Gud og hans kære Søn med vores messer og afguderiske gudstjenester. Men alligevel har Gud forbarmet sig over os og taget os til nåde og dertil kaldet os gennem sin Helligånd, så at Kristus er åbenbaret gennem os og mange gaver er givet os, som ikke er givet andre. Og *vi kan berømme os med Paulus, at Gud gennem os atter har ført evangeliet ud i lyset* og udbredt det så vidt, at de dog må give os den ære, at vi før end de er kommet dertil og har prædiket evangeliet, som de ikke skulle vide af, om ikke vi inden havde bragt det ud i verden. Kort sagt: Vi må være hvem vi vil, så må de modtage evangeliet, afløsningen og nadveren af sine lærer og kaldede prædikanter og ikke foragte en sådan Guds Ordning, hvis frelsen er dem kær. For havde Gud villet gøre det anderledes, så havde han nok draget frem og befalet dem at tale for andre, så at vi skulle have måttet tie og hører dem.

Så gør Gud det også derfor, at han udvælger fattige synder dertil, som Paulus og vi har været, så han kan hindre sådanne kloge hoveders hovmod. For han vil ikke have sikre og hovmodige ånder dertil, men sådanne *mennesker, som forud er blevet vel prøvet og bøjet samt véd dette* og må bekende, at de har været onde skurke, som Paulus har været, og tynget med sådanne synder, som retteligt hedder synder for Gud, som Guds og Herrens Kristi fjender, så de må blive i ydmyghed og ikke kan være hovmodige eller berømme sig som de andre uprøvede ånderne gør, at de er så fromme, hellige og lærde, at Gud derfor udvalgte dem dertil. Gud må altid beholde berømmelsen og æren, så at han til dem kan sige, om også de ville blive stolte: Kære, hvad har I at pukke på? Véd I ikke, hvad I har været for folk og gjort både imod mig og kristenhed, samt at I har draget mange menneskers blod over jer? Eller vil I glemme, hvad nåde og barmhjertighed jeg har bevist I? Sådan vil han binde kæppen ved hundens hals, så enhver må *se sig tilbage og betænke, i hvilken stank og urenhed han har ligget, så lærer han nok at glemme at være stolt og hovmodig.*

Derfor siger nu Paulus: Om I end højt foragter og forklejner mig, derfor at jeg har været en de kristnes forfølgere og en spotter og intet andet end et misfoster og den allerringeste blandt apostlene, så spørger jeg dog: Hvad synes I derom, at jeg alligevel er en apostel og at jeg, som har været et så elendigt menneske, har udført så meget arbejde, skaffet så meget godt langt mere end andre, selvom jeg derfor ikke er retfærdig for Gud? Men mine skrighalse og spottere til harm og trods kan jeg berømme mig og sige: Jeg har dog gjort mere end du og andre, også de store apostle, selv om du vil være bedre og lærdere.

Du siger: Jeg har jo også Ånden så vel som du. Svar: Nej, det er ikke nok, og dertil har du ikke fået Ånden, at du skal vide det. For, som sagt er, hvis Gud havde skikket det sådan, at du var en apostel eller prædikant, så måtte jeg hører dig og tie; men når han har forordnet mig dertil, så skal du høre mig og holde mig for din apostel eller doktor. Men har du særlige gaver, Ånd og forstand og kan udlægge Skriften, så gør det ordentligt (som Paulus lærer i 1 Kor 14), på den tid og det sted, hvor du er kaldet, ikke med pral og berømmelse, hvormed du nu farer frem imod dine rette kaldede apostle. Dermed viser du, at din ånd ikke er Helligånden, men den lede djævel og at du ikke har smagt eller erfaret Guds Ånd. For sådan gør en from kristen ikke; men *hvis han hører noget forkert prædikes, så skikker han sig ydmyg, samt formaner prædikanten broderligt og venligt* uden at trodse og prale sådan.

Derfor ligger der ingen magt på, om de andre har større popularitet og kan råbe mere; men derpå beror det, hvem som trofast forvalter sit embede og udretter meget, 1 Kor 4, 2. Se efter der, om han er kaldet eller er begyndt at lære, som jeg, siger Paulus, som af Gud er sendt til at være en prædikant, og se ikke på, hvor ringe jeg er; for du kan ikke kritisere eller gøre mig så foragtelig for mit tidligere levneds skyld, at jeg ikke vil bekende det og sige ja dertil. Men alligevel er jeg, samme Paulus, som før var en spotter, nu en apostel og vil blive anset for en apostel. For man bør nu ikke anse mig efter personen, hvordan jeg været, men efter embedet, hvori jeg er. Hvad personen angår, kan jeg vel tåle, at jeg bliver forbandet og forklejnet, og i sandhed er jeg den ringeste og ikke værd at hedde en apostel, ja, ikke engang en kristen, når jeg har forfulgt og hjulpet til uskyldigt at myrde kristenheden og Guds børn. Men med hensyn til embedet, som er betroet mig til at prædike, døbe osv., vil jeg af enhver forblive udømt, og Djævelen skal ikke hindre mig og alligevel ikke har nogen tak.

For personen må have været så ond som et menneske nogensinde kan være, så er det dog nu forladt, og jeg er nu gennem Guds nåde, det jeg er, og vil også være det og berømme mig, at jeg for min person nu er omvendt og af en spotter og forfølger er blevet en kristen og en apostel, som til Kristi tro har lagt grunden og plantet den blandt hedningerne. For heraf berømmer jeg mig ikke som for mit arbejde eller min værdigheds skyld, som havde jeg det af mig selv. Det er ikke noget naturligt eller skyldes menneskeformåen, men er alene en overstrømmende Guds nåde, som uden alt min gøren og formåen har taget mig til nåde, afløst mig fra mine forøvede mord og blodskyld samt begavet mig med Kristi kundskab og Helligåndens gaver og dertil sat mig i det ypperste embede. Derfor vil jeg heller ikke, at det skal foragtes. Hørte det til mit eget værk eller gørende, så ville jeg gerne lade det trampes under fødderne som mit tidligere væsen og min jødiske hellighed; men når det er idel Guds værk og nåde, så vil jeg berømme det og at det af enhver skal berømmes, Djævelen og verden til trods, eller fordømme den til Helvedes afgrund, som foragter det. Kort sagt: Det som overgår vor person, vil og skal vi tåle; men hvad som er nåde, det vil vi, at det skal æres af enhver, som vil være en kristen.

Her ser du, at Paulus kalder en god og ret prædikant for en nåde fra Gud og at det altså ikke er et menneskeværk eller evner at være eller gøre nogen til prædikant, som det heller ikke er menneskeværk at være en kristen og gerne hører Ordet eller prædiken, men det er et Guds værk samt blot en Himmelsk gave og skænk uden og over - ja, imod naturen, *som Gud alene virker i os uden alle vores tanker og gøren.* En sådan person, siger han, er jeg, som ved Guds nåde har ført evangeliet til jer, som jeg også ved ham har modtaget det og er jer skænket af Gud som et ædelt og dyrebart klenodie. Dette skal I holde og ære mig for, at ingen må kunne berømme sig imod mig eller bebrejde mig, ligesom var det mit eget eller jeg af mig selv var kommet. For jeg er ikke som de, som gør sig selv til prædikanter og trænger sig ind som snigere blandt partierne, heller ikke som de selvudlærte lærde og prædikanter, men hvad jeg er og kan, hvad jeg har og fører med mig, det er og skal kun være Guds blotte nåde. Sådan skal de kristne berømme sig, om de vil berømme sig, ikke som de mætte ånder af sin ånd eller store kunst samt egen visdom og hellighed eller hvad vi selv er og formår.

Men en sådan berømmelse driver han med mange ord og siger: "Af Guds nåde er jeg, hvad jeg er, og hans nåde imod mig har ikke været forgæves; jeg har arbejdet mere end nogen af dem, det vil sige ikke jeg, men Guds nåde, som har været med mig." Dette hedder at pukke endnu højre imod deres ringeagt, at han var en fattig og ringe person og intet imod de andre. Her drister han sig ikke kun til at gøre sig dem jævnbyrdig, men også endnu meget mere berømme sig, at Gud gennem ham har virket stor ting og udrettet mere, end gennem nogen af de andre, som han andet steds mere omfattende fremholder med sådanne ord. Det fremfører han imod sine og alle slags partier, som selv om de har dette nådens embede og sidder deri, så bliver de alligevel ikke i samme nåde, men falder derfra og bliver deraf løse og unyttige snakkehoveder og sværmere, som vel råber og larmer meget, men intet gør eller udretter, som deres embede kræver. Nåden er altså forgæves i dem. Men i mig, siger han, har den ikke været forgæves, for jeg har gennem den udbredt evangeliet blandt alle hedninger og omvendt ganske mange mennesker; (som han andetsteds, nemlig i Rom. 15, 19 siger, at han fra Jerusalem og de lande, som ligger deromkring, helt til Illyrien har forkyndt evangeliet) og kan trodse dem, som foragter og forklejner mig for min persons skyld, at de ikke kan udføre noget af dette. For om det kommer an på at berømme sig, som de gerne vil berømme sig imod mig, så har jeg gjort mere end de alle og kan berømme mig deraf med Gud og æren. Og om de end kan berømme sig, ikke af nåden, men af egen kunst eller store gaver, så vil jeg gerne lade det ligge og give efter for dem. Men dertil skal de ikke bringe det, at de har prædiket så meget og skaffet sig så megen frugt, som jeg igennem Guds nåde har gjort.

At han nu siger: "Jeg har arbejdet mere end nogen af dem," kunne man vel tolke på alle apostlene, som man også plejer at sige, at han dermed ophøjer sig over andre apostle. Men jeg tænker, at når han taler så almene og nævner alle uden forskel, så mener han ikke de rette apostle, men pukker imod partiånderne.

Som ville han sige: Om de end havde gjort meget og højt berømmer sig, så har de alligevel alle sammen ikke gjort så meget som jeg, som dog er en enkelt person og anset for den ringeste blandt apostlene. Det angår sådan det emne, som han taler om, og bør forstås om dem, som han taler om. For han vil ikke dermed have forklejnet de rette apostle, blandt hvilke han også regner sig selv med, men han taler imod de andre falske apostle, som kritiserede og nedgjorde ham.

Men vil nogen tolke disse ord: "Jeg har arbejdet mere end nogen af dem" også på de andre apostle, må man tolke det sådan, at hans arbejde er gået videre end alle andre. For de må blive i Jerusalem og i de jødiske områder og bliver ikke sendt længere end til sit folk. Men Paulus var med Barnabas udskilt gennem Helligånden, som det står i ApG 13, 2, som to særskilte prædikanter, at de skulle gå ud til hedninger i hele verden. Sådan er han med sin prædiken kommet gennem hele Romerriget, som var mange gange så stort og bredt som det jødiske land. Derfor kan han også godt berømme sig af, at han har arbejdet mere end alle de andre, fordi han gennem sit apostelembede har været videre og er kommet til og prædiket for flere områder og folk. Hvorfor han også ofte kalder sig hedningernes apostel og lærer, så at vi rimeligvis holder ham for vor fader og apostel, og vi har arvet hans prædikestol.

Men ikke desto mindre bliver apostlens fornemste mening imod sine partier, at han vil sige: Lad dem bekymre sig dermed at de berømme sig, pukke og praler, så kan jeg dog berømme mig og sige, at jeg ikke kun er en apostel, men også en nyttig apostel og har den nåde, at jeg har skaffet mere nytte og frugt i kristenheden end de alle sammen har gjort i deres livstid eller endnu gør.

Og så ingen måtte have årsag at tænke, at han med sit berømmende var en hovmodig mand, som den som ville ophøje sig over alle også de rette apostle, i det han siger, at han alene havde gjort det bedste, så tilføjer han straks endnu en gang: "Dog ikke jeg, men Guds nåde, som er med mig." Han tilskriver det ikke sin person, men blot nåden, så at det ikke kan være talt af hovmod, men er en ret kristelig ydmyghed. For han bekender, at han intet er og har alligevel hos sig et helligt ædelmod, som ikke pukker og stoler på sig selv eller på andre mennesker, men på Guds værk og nåde og gør alt for menneskers frelse og saligheds skyld, så de ikke skal lade sig forføre af partiernes skrig og pukken, men skal vide, hvad de har i ham. For det er for mennesker nyttigt og nødvendigt, at de bliver advaret og afskrækket fra partiånder og kan gøre en sådan forskel mellem prædikanterne: Denne er vor prædikant, som Gud har givet os, som først retteligt har prædiket Guds Ord, har skaffet og udrettet meget godt og gennem Guds nåde vist sig sand. Den anden kommer snigende eller har selv indtrængt sig uden befaling til at foragte denne, og ingen véd, hvem han er eller hvad man skal tro om ham. Derfor vil vi hører den, som Gud har givet os, og holde os til ham.

Se, sådan kan man bibeholde den rette lære i menneskers hjerte, så at de bliver ved det, som Gud har givet dem og de har lært, og det er sådan skrevet os til eksempel. For sådan må vi også berømme os imod pavedømmet og alle partier, at Gud har givet os sit ord og dets rette prædikant. Og selv om de foragter og dertil fordømmer os som kættere, så er vi dog rette prædikanter og Kristi tjenere, dertil også af selve paven kaldet og sat til at lære, og skal ikke foragte en sådan berømmelse og pukkende. Ikke at vi deraf er noget bedre for Gud, men at vor lære må blive desto mere sikker hos folket og ikke stilles i tvivl. For ville vi selv tvivle, om vi var rette prædikanter, så måtte hele flokken tvivle og bliver uvis om sagen.

Må dog hver og et menneske i sin stand og livsførelse have sådan berømmelse og være vis på, at han behager Gud. Som enhver fader mod sit barn, skønt han er en ikke-kristen og ikke tror evangeliet, så har han alligevel den berømmelse, at han er fader og at ham tilhører det at handle med sin søn som en fader gør *og han bør ikke lade sig foragte, skønt han er fattig, skrøbelig, syg, og som var han derfor ikke ham god nok til at være fader*; men sige til ham: Lad mig være, hvad det skal være, så er jeg alligevel din fader og du min søn, og du skal ikke fratage mig mit faderembede eller drage dig fra at adlyde mig. For jeg har ikke af eget valg gjort mig til din fader, men Gud har skabt og givet dig til mig. Ligeledes må også enhver husbonde over for sine tjenere, et herskab eller en lands fyrste imod sine undersåtter berømme sig og sige: Uanset jeg er uduelig, skrøbelig osv. så er jeg alligevel din herre og du min tjener eller undersåt, og du skal også holde og ære mig derfor, om du var end så stolt, være sig som du vil eller ej, ikke for min, men for Guds skyld, som vil have det sådan. Men er jeg skrøbelig, så at jeg ikke behager dig for min person, så har det sine grunde. Men derfor skal du ikke sige, at jeg ikke er din herre, for det er ikke min gerning, men det er Guds værk og ordning.

Når nu en sådan berømmelse er nødvendig i verdslig måde, så må det meget mere være det i et åndeligt embede, som er aldeles Guds værk og regering, som enhver alligevel vil mestre og foragte som det behager ham. Imod sådanne frække ånder må man trøstelig pukke på Guds Ord og ordning og sige: Forband og foragt mig, hvem som vil, hvad min person angår, men hvad angår mit embede, så skal du derimod ære og ophøje mig, så kær dig Kristus samt din frelse og salighed er. For du er ikke min lærer eller prædikant, men Gud har sat mig dertil, at du må modtage evangeliet gennem mig og *gennem mit embede komme til Guds rige.*

Se, dette er det omsvøb, som apostlen forud gør om sit embede, til at afskrække og bevare folket fra de partiånder, som anfægter denne artikel om opstandelsen. Han gør det også for at stadfæste sin prædiken, at han af Gud er dertil kaldet og har bevist, at det er idel nåde, hvad han har prædiket og gjort. Han aflægger altså tre vidnesbyrd om sin prædiken: Først Skriften eller Guds Ord, for det andet mange menneskers oplevelse, for det tredje sit embede og dets frugt. Den, som nu ikke vil modtage eller agte dette, ham ønsker jeg, at Gud vil give partiånder til overflod, som må øse ind sin ånd til ham med idel store kar. Derfor gør han følgende slutning:

"Hvad enten det nu er mig eller de andre: Sådan prædiker vi, og sådan kom I til tro." Som ville han sige: I har nu hørt, hvad jeg er, og hvad jeg har prædiket og gjort, hvad mit embede og lære er. Som en ret apostel har jeg prædiket det, som de andre apostle prædiker. De bevidner det med mig, og dertil har jeg drevet og udbredt det endnu længere i verden. Sådan har I også modtaget, troet og lært det, at det er den lære og det evangelium, hvoraf denne artikel kommer og har sin grund. Derfor skal I jo blive derved og ikke lade jer vise derfra gennem andre prædikanter. Han sammenfatter alt det værk eller embede, som han har haft og dets frugt. Så at hans prædiken egentlig ikke har været andet end om denne artikel om opstandelsen efter Skriften og mange menneskers visse erfaring.

Nu tager han sig for at stadfæste og bevise selve artiklen og kraftigt at gendrive de andres vildfarelse, som havde plantet denne gift blandt de kristne, at opstandelsen intet var, og siger:

44

v12-15. Men når det prædikes, at Kristus er opstået fra de døde, hvordan kan så nogle af jer sige, at der ikke findes nogen opstandelse fra de døde? Hvis der ikke findes nogen opstandelse fra de døde, er Kristus heller ikke opstået; men er Kristus ikke opstået, er vores prædiken tom, og jeres tro er også tom. Vi kommer så også til at stå som falske vidner om Gud, fordi vi har vidnet imod Gud, at han har oprejst Kristus, som han altså ikke har oprejst, hvis døde ikke opstår.

Her ser du først, hvad for fromme børn de samvittighedsfulde partiånder har været, som bagtalte Paulus og turde bebrejde ham hans ringe person og tidligere liv, som var de fulde med ånd og de fortræffeligste helgener, men alligevel dristede sig til at sige og prædike, at opstandelsen intet var, imod alle rette apostles prædiken og vidnesbyrd både af Skriften og deres egen erfaring. Er ikke dette en skændig handling af dem, som vil hedde kristne og roste sig af stor ånd som de første prædikanter efter apostlene, nogen også af Paulus indviet og indsat, og dog søgte de at prædike dette blandt hans disciple, for hvilke han selv så længe havde prædiket og drevet denne artikel?

Men han bygger alt sammen på den grund, hvor han begyndte, nemlig *at Kristus er opstået fra de døde, som er hovedstykket i den kristne lære.* Det ingen kan benægte, som vil være en kristen eller evangeliets prædikant. Dermed vil han støde dem for hovedet og bevise, at når de benægter de dødes opstandelse, så må de så meget mere benægte, at Kristus er opstået. For var det tidligere ikke sandt, så må også dette være opdigtet. Men når enhver kristen må tro og bekende, at Kristus er opstået, så kan han snart føres så langt, at han også lader de dødes opstandelse være sandt. Ellers må han benægte hele evangeliet og alt, hvad man prædiker om Kristus og om Gud. For alt sammen hænger ved hinanden som en kæde, så at *hvor én artikel bliver ødelagt, bliver de alle ødelagt.* Derfor sammenfører og sammenfatter han også hermed alt sammen og udleder altid det ene af det andet.

Men hos hedningerne og de vantro, som ikke kun benægter den artikel, som han tager sig for at bevise, men også alt, hvad han anvender til det bevis, synes dette at være en svag dialectica eller bevisførelse. (De kalder det probere negatum per negatum og petere principium). Ligesom hvis nogen anklagede en for retten og sagde: Du er en slyngel. Og når han skulle bevise det, altid gentog det samme og sagde: Det er sandt, for du er jo en slyngel og forbliver en slyngel fra du fødtes. Dette hedder ikke noget bevis, men løst og tåbelig snak. For hvis han ville bevise det, så må han gå videre og anføre vidner imod ham og andre klare, skriftlige handlinger.

Sådan synes det også her, idet han siger: "Hvis der ikke findes nogen opstandelse fra de døde, er Kristus heller ikke opstået." For om man siger dette til en hedning, så holder han lige så meget på det ene som på det andet og tror lige så lidt, at Kristus er opstået, som at vi skal opstå. Derfor beviser denne begrundelse ingen ting for ham. Og selv om det var stærkt, så gjaldt det dog intet mere end fra et enkelt tilfælde at fastslå noget alment (a partuculari ad universale). Det kaldes ikke en ret måde at drage konklusionen sådan: Når den ene person Kristus er opstået, så må derfor enhver opstå. Ligesom det ikke er ret, hvis du ville sige: Denne dommer er en slyngel, derfor er de slyngler alle sammen. Eller: Denne sognepræst er en partiånd, derfor er de alle kættere.

Det kalder man ikke at have lært mesterligt, hvis man ud fra en enkelt dag vil gøre en hel sommer eller for en skurks skyld udråbe alle mennesker i hele verden for onde skurke. Kort sagt, af ét at gøre alt. Altså synes her beviset ganske svagt: "Hvis der ikke findes nogen opstandelse fra de døde, er Kristus heller ikke opstået." For om man end medgiver, at den ene person Kristus, Guds Søn, er opstået, så er derfor ikke afgjort, at vi alle må opstå.

Men jeg har sagt, at dette først og fremmest er en prædiken for de kristne, som tror denne artikel om Kristi opstandelse og kender dens kraft samt forstår, hvorfor han er opstået, nemlig for at døden derved måtte blive overvundet, og vi blive hjulpet fra den samme til at lever med Kristus evigt. For når han er vort hoved og vi hans krop og lemmer, så må han gennem sin opstandelse også opvække os og overføre os i et nyt evigt liv, som han andetsteds ofte beviser. Og for at man alligevel ikke må klandre hans bevis, så tager han sig for at gøre beviset stærkt samt fletter og sammenknytter beviserne sådan, at den får en kraftig slutsats, og bruger ret det stykke af talekunsten, som man kalder reducere per impossibile.

Han vil altså sige: Den, som vil benægte denne artikel, må benægte meget mere: Først at I retteligt tror, for det andet at Ordet, som I tror, har været ret, for det tredje, at vi apostle prædiker ret og er Guds apostle, for det fjerde, at Gud er sandfærdig. Kort sagt: at Gud er Gud. For dette må alt sammen følge på hinanden. Hvis min tro er forkert, så må også Ordet være forkert. Er Ordet forkert, så er også prædikenen forkert; og da må også Gud, som sender prædikanten, være en falsk Gud. Men er han falsk, så er han ikke Gud. Vil nu nogen sige, at Gud ikke er Gud, så må han fare sin egen vej. *For den, som slet intet tror, men benægter alt det, man siger om Gud og Guds Ord, med ham har vi intet at gøre.* Som man også lærer i skolerne: Contra negantem prima principia non est disputandum. *Den, som benægter, hvad naturen lærer enhver og alle menneskers fornuft og forstand må indrømme, med ham skal man ikke disputere,* men vise ham til lægen, at denne må rense hans hjerne. For det er jo så meget, som om nogen ville sige, at hvidt ikke er hvidt, men er sort og at to ikke er to, men en.

Men vi taler med sådanne, som holder Gud for en ret Gud, som er sandfærdig og ikke lyver, og apostlene for hans sendebud og vidner, som prædiker hans ord og bør hørers som ham selv. Sådan siger Kristus selv: Den, der hører jer, hører mig, og den, der høre mig, hører min Fader. *Dette er vores principia, grundvold og hovedstykke, hvorpå hele den kristne lære står.* For hele Skriften siger kun om Gud og hans Søn *og apostlene*, at *deres prædiken er Guds rette ord* og at den, som tror det, skal blive salig. Vil du benægte alt dette, har jeg intet at gøre med dig. For den som benægter Gud og hans ord, hans dåb og evangelium, har også let ved at benægte de dødes opstandelse. Hvis du siger, at Gud ikke er Gud og at apostlene og kristenheden ikke lærer eller tror ret, så har du snart vundet, og det er snart gjort, at du aldeles slår bunden ud af fadet og siger, at det ingen opstandelse er, ingen Himmel og intet Helvede, ingen djævel eller død eller synd. For hvad vil du tro, hvis du ikke tror, at der er nogen Gud til?

Men vil du være blandt den flok, som holder Gud og hans apostle, hans ord og kristenhed for sandfærdig, så skal vi nok få dig overbevist, så du også skal tro denne artikel. For det er umuligt, at det skulle være falsk, som kristenheden tror og apostlene prædiker. Så er det også umuligt, at apostlene skulle være falske Guds vidner; ellers var Gud ikke sandfærdig og må ikke være Gud. Når nu dette princip stå fast, så nødes du at tro på de dødes opstandelse, så sikkert som Gud er Gud. For han har jo gennem sin Søn åbenbaret den i Skriften og ladet den prædike gennem apostlene, og den er antaget og troet af kristenheden. Derfor må det være ret og sandt.

Sådan fæster alt sammen sig i hinanden, nemlig apostlenes og Kristi ord, kristenhedens tro og bekendelse samt Guds sandhed og majestæt, så at man ikke kan straffe det ene for løgn uden at straffe det andet. Når dette står fast og forbliver sandt, så må også det være sikkert, at de døde skal opstå, når det er forfattet i Guds Ord og den kristne tror. Det udgør altså en kæde, så at alt hænger i hinanden og flyder fra hinanden, så at man må sige: Så sikkert som det er sandt, at Gud lever og Kristus lever og kristenhedens tro og prædiken er ret og vis, så vis er også denne artikel. Men er der endnu nogen, som alligevel tør tale derimod, ham lader vi fare, som den, der ikke skal have nogen delagtighed med os, som tror og har modtaget Ordet, samt dertil ser gennem erfaringen, at Gud stadfæstet sit ord samt forsamler og hidtil har opretholdt sin kristenhed og at mange hellige mennesker har bekendt det med sit blod og gennem al slags modstand og anfægtelse i troen er blevet prøvet og er døde på denne artikel, og så længe vi står på denne grund og beholder disse stykker, så skal denne artikel blive hos os og ikke falde.

Se, sådan strider denne tekst vældigt og er det rette måde at forsvare vor lære. For vi kan dog ikke anderledes bevise vor tro og alle artikler. For den, som ikke vil tro, at Gud og kristenheden, troen og Ordet er sande, han lader sig ikke undervise eller overtale, men det er alt forgæves og spildt, hvad man siger ham. Det er som om du ville overbevise en muslim med vor tro. For han medgiver dig slet intet, men benægter til alle dine begrundelser.

Men derimod sige vi sådan til ham: Hvis du kommer så langt, at du ikke vil modtage Kristus og hans apostle og Skriften, så tak Djævelen for al din tro. For vi prædiker jo ikke os selv eller noget, som er opfundet eller fremskaffet af mennesker. Vi prædiker just det Ord, som fra begyndelsen er grundet i Skriften og af Gud selv lovet vor første fader Adam, om Kristus, Guds Søn, og hans kristenhed. Den, som ikke vil have det, han søge sig noget andet. Men vi vil blive ved det, som Adam begyndte at tro og alle hellige fædre og fromme kristne har troet og som hidtil er forblevet imod al verdens og Helvedes portes vælde, visdom og magt og også skal forblive, så længe verden står. Og den, som modtager dette, han holder og tror med os også denne artikel. For med en sådan kan jeg uden besvær disputere og overbevise ham: Tror du på Kristus, at han er opstået fra de døde, hvordan kan du da benægte, at de døde opstår. Du må jo være gal, om du tror på Kristus og ikke vil tro hans ord og apostle. Kort sagt: Vi véd, at Adam, vor alles første fader, er begyndt at tro denne artikel, da det blev sagt til ham i 1 Mos 3, 15: Kvindens afkom skal knuse slangens hoved. Og denne artikel er sådan kommet fra den ene til den anden samt altid blevet jo klarere prædiket og drevet fra Adam til Abraham, fra Abraham til Moses, David osv. og altså helt indtil Kristus og apostlene og igennem dem kommet til os.

Sådan har Paulus af de rette og stærkeste grunde forfægtet denne artikel, at den, som vil benægte de dødes opstandelse, også må benægte, at Kristus er opstået. Men benægter man det, så benægter man alt, samt holder Gud og Kristus i alle ord og gerninger for en løgner, ja, for blot intet. Og en sådan bør intet andet anses for end en vild og gudløs hedning, som hverken lader Gud eller Ordet hjælpe eller råde, og ingen bør have med ham at gøre. På en stærkere eller kraftigere måde véd jeg ikke at prædike eller bevise dette. Derfor skal vi vel fatte og stadigt holde os ved denne grund, at vi må være visse på sagen og ikke bygge på en løs indbildning. For så sikkert som du tror andre artikler, så sikkert må du også tro denne. Kan du tro, at Gud er Gud, så bør du heller ikke tvivle på, at du efter dette liv atter skal opstå fra de døde. For Gud må før blive en løgner og ikke være

50

Gud, end du skulle blive under jorden. Men er det sikkert, at Gud ikke kan lyve eller forkaste og benægte sin guddom, så må også denne artikel bliver sand og så vis for Gud som om de dødes opstandelse allerede var sket, skønt det nu synes meget anderledes, så længe mennesker ligger under jorden og stinker som et råddent dyr og bliver fortæret af orme og maddiker.

For den, som vil tro, må ikke bryd sig om, hvad de fem sanser begriber og siger, når Gud heller ikke ser og dømmer derefter, men at hans ord må være sandt, når han siger: Død, jeg vil være din død. Jeg vil opsluge dig og gøre den levende, som du har opslugt, ellers vil jeg ikke mere være Gud. Herren Gud ser ikke på det væsen, som vi ser for os, hvor den ene ligger syv alen under jorden, den anden er brændt til aske og udstrøet i alle fire verdenshjørner eller slugt af fugle og andre dyr, men for hans øjne er der idel liv. For han vil af denne timelige død og forrådnelse gøre et nyt evigt liv. *Sådan må også vi anse det og imod det, som vi oplever, dømme efter det, som Gud siger,* så sikkert som var det allerede sket, og grundig vogte os, at vi ikke stille dette i tvivl.

For tænk selv efter, hvad for en synd det er at tvivle på denne artikel. Paulus siger, at det er så meget, som aldeles at benægte Gud og Kristus, at tilbagekalde din tro, dåb og evangelium samt straffe det for løgn og sige: Jeg tror, at ingen Gud, ingen Kristus er til og at alt det, man siger om troen, er skammelig løgn og opdigtet. Herved skal du bliver frimodig og fatte en stærk tro i dit hjerte, hvis du eftertrykkeligt forestiller dig dette og tænkte: Ak, det skulle være en skrækkelig og grov sag og den sværeste gudsbespottelse, at jeg ikke skulle tro denne artikel. For dermed, siger Paulus, havde jeg også benægtet, at Kristus er opstået og Gud er sandfærdig. Gud bevare mig fra at sige dette og lade en så grov fornærmelse komme ind i mit hjerte! Derfor vil jeg ikke drage nogen tvivl om denne artikel, men holde den for vissere end mit eget liv og dristelig fare herfra derpå, at når jeg ligger og forrådner i døden, skal jeg atter fremkomme skønnere og klarere end solen.

Sådan tjener denne tekst til at styrke de trofaste, at de må vide, hvor stor spot de begår, som benægter denne artikel. Som ville han sige: Kære korinthere, I behøver ikke gøre noget skæmt eller grin deraf. For om I benægter dette stykke, så benægter I ikke nogen ringe ting eller en enkelt artikel, men I gør så meget, som hvis I åbenbart skulle straffe Gud for løgn og sige: Gud er ikke Gud, Kristus er intet. Men tror I noget om Gud og Kristus, som I jo bør gøre, om I vil være kristne og lade prædike for jer, så kan I ikke benægte dette. For følgen heraf skal bringe jer dertil, at I må sige: Sandelig, om Kristus gennem sine apostle lader prædike det og dertil har bevist det med gerning, så kan her jo ikke være noget tvivl. Lad os derfor uforsagt og dristigt vove og fare herfra på denne artikel, at når vi længe har været døde og forrådnet skal den skønne basun lyde og sige (som Kristus til Lazarus): Peter, Paulus, kom ud! *Så skal vi da i ét øjeblik som en gnist fare frem skønnere end hele himlen, med hele legemet og alle lemmer sammenføjet.* Og dette være sig om vi er blevet brændt til aske eller opslugt i havet, sønderrevet af ulve eller slugt af slanger.

v16-19. For hvis døde ikke opstår, er Kristus heller ikke opstået; men er Kristus ikke opstået, er jeres tro forgæves, så er I stadig i jeres synder, og så er også de, som er sovet hen i Kristus, gået fortabt. Har vi alene i dette liv sat vort håb til Kristus, er vi de ynkværdigste af alle mennesker.

Her sammenfatter han den tidligere begrundelse og driver det endnu videre og mere eftertrykkeligt og sammenfører i et, hvad deraf må følge, om man i kristenheden ikke var vis på denne artikel. Dette driver han, for at han jo må holde sine korinthere fast og visse derved imod deres falske lærere. Deraf ser man, at de ikke havde nogen alvor, og det sårede Paulus, at de omgikkes så koldt og ligegyldigt med denne artikel og dertil stillede den i tvivl; ja, nogen talte så letfærdigt og aldeles hedensk derom, som var det slet intet. Sådan som også mange endnu er, som i hjertet intet tror deraf, men i det skjulte holder det for idel pjat. Sådan gør især de, som vil være kloge og forstandige, som de der *måler og dømmer Guds Ord efter sin forstand* ligesom saddukæerne og deres disciple, som på Kristi tid såede denne gift blandt Guds folk, så det greb vidt omkring sig. Sådan må det jo følge og gå, især hvor partiånder opkommer, som forårsager det og forleder folket, så at størstedelen bliver i sådan skændig utro, lever i sus og dus og hverken spørger efter Gud eller det kommende liv, aldeles som var hverken Helvede eller Himmel til. Og om man end prædiker meget for dem, så slår de det hen i vejret og driver sine løjer dermed, som Paulus herefter kommer at vise deres pjat.

Sådan sætter han nu hid det ene stykke efter det andet og fører dem til rette per impossibile, som sagt er. Først: Hvis de døde ikke opstår, så følger, at heller ikke Kristus er opstået. Årsagen:

Kristus er jo også en blandt de døde, ja, vort hoved og den førstefødte af dem, der skal opstå, som han siden siger. Hvis denne artikel ikke er sand i ham, så er den ikke sand i nogen. For det andet må også følge, at vor prædiken var tom. For hvortil behøvede vi det besvær, at vi skulle tage os for at prædike, bebyrde os med så meget arbejde og dertil vove liv og lem og havne i alle slags fare, om det ikke var andet, end et tomt, løst og unyttigt digt? Vi skulle da hellere tie stille og lade prædikestol med dåb, nadver og Skrift stå ubrugt. For mener du, at det er begyndt, for, at man skal tvinge bønder, regere land og folk, lære husholdning og bruge marken, som hedningerne vel vidst før, inden man hørte om Kristus, når fornuften har lært dem det, ja, og nøden tvunget dem dertil. Dertil behøver du ingen Skrift eller prædikestol, intet evangelium, ja, ingen kundskab om Gud.

Hvis vi derfor ikke vidste af noget andet liv, så skulle også vi tie stille og lade mennesker lever som får og svin, som selv véd, hvad som tjener dem. Derved skulle man lade det blive og slippe både prædikeembede og alt. Vi skulle ikke behøve anvende så meget derpå, for at vi måtte oprette dette væsen i verden, om det var aldeles forfængt og hverken hjalp for dette liv eller det kommende. Derfor, om du ikke ønsker eller tror på et andet liv, så bliv væk fra prædiken. Vil du ikke have nogen Gud, så behøver du heller ikke hører os, heller ikke behøver vi prædike for dig. For vi er, Gud ske lov, ikke så tåbelige, at vi vil drive denne lære forgæves eller kun til det formål, at man må *regere denne krop og livsførelse, som vi allerede forud på bedste måde har lært af hedningerne og fornuften.* Men derpå kommer det kun an, hvordan vi (siden vi er blevet døbt) må komme fra dette liv til det andet. Til det formål må vi daglig prædike og formane. Om nu opstandelsen var intet, så var dette intet andet end tåbeligt og spildt.

54

For det tredje siger han: "Så er også jeres tro forgæves" og intet andet end en løs og unyttig tanke. For hvis der ingen opstandelse er, og jeg alligevel tror den, hvad er det da andet end blot en drøm, som ikke har nogen realitet? Og da havde hele kristenheden fra verdens begyndelse haft en idel falsk tro og skulle bestå af usle forheksede mennesker, der lader sig bedrage og forlede gennem *en løs drøm og eventyr*, ja, derfor lider al forfølgelse, plage og kval; og når de længe havde håbet og fortrøstet sig derpå og nu skulle fare herfra og dø, skulle de så skændigt blive bedraget. Så det er sandt, som nogen siger, at hvis denne artikel var falsk og det ikke var sandt om det andet livet, så var dette det største bedrageri, som nogensinde er kommet på jorden. *Som også nogle holder for idel fabler og digt, hvad man siger om Himlen og Helvede, som kun skulle være optænkt for at man dermed kan skræmme den grove pøbel,* som man ellers ikke kan tæmme eller holde i skak, med mindre man gør Djævelen sort og Helvede hed.

Men dermed bliver dog intet udrettet. For om folket ikke er bedre undervist end af en så løs indbildning, så forbliver de sådan, som de er, samt både lever og dør som svin. De tror da blot så meget som den mand, som, da han skulle dø og hans lærer længe disputerede med ham om opstandelsen og gerne ville overtale ham, at han skulle tro den, sagde til læreren: "Jeg vil vente med at tro, men I skal se, at der intet bliver af det." Sådan tænker også den største flok i verden endnu. Men den, som er en kristen, må ikke med sin tro stå på en løs grund, men være så vis på sagen, at han véd, hvad han finder derved, og ikke bekymrer sig om, hvad andre mener og benægter eller bespotter, men kan sige derimod: Vil du ikke tro det, så far længe nok, til det du kan prøve det. Med os kan du nok diskutere, men der er en, som ikke er så let at diskutere med, og om du ikke tror, så finder han andre, som tror det. Så kan du se, hvem som snyder den anden.

For det fjerde siger han, var også vi falske vidner, som vidner om Gud; for vi siger og lærer, at han har opvakt Kristus, som han ikke har opvakt, hvis de døde ikke opstår. Og lige sådan som troen var falsk, så var vi intet andet end Djævelens gøglere og løgnere, som taler og gør et stort nummer ud af det, hvoraf de intet véd, men af sig selv opdigter og gennem sit bedrageri narrer folk fra liv og ejendom. Nu er vi jo Kristi apostle og trofaste vidner og kan bevise, at vi af Gud er kaldet og sendt og prædiker sandheden, så at mange mennesker bliver overbevist og af sig selv tilslutter sig til os og derved lider alt det, som overgår os, så at man ser, at vi har en alvorlig mening dermed og ikke drive det med skæmt og gøgleri, som var vi landstrygere og løse skurke.

Det femte stykke, som følger, er: "Hvis der ikke findes nogen opstandelse fra de døde", siger han, "så er I stadig i jeres synder", både I og alle de, som er sovet hen i Kristus, og da skal Kristus slet ikke hjælpe jer på nogen måde. For hvad havde I deraf, at I prædiker og tror, at I gennem hans opstandelse er frelst fra jeres synder og er retfærdige, hvis denne opstandelse ikke findes, og hvis ikke også I atter skal opstå og leve, frelst fra døden? Det var jo alt sammen forgæves, at I og alle kristne derpå blev døbt, hørte evangeliet og levede som kristne, som gennem sin Herre har syndernes forladelse, hvis I alligevel ikke skulle få noget mere end hedninger og vantro, men dø bort som får, for hvilke der intet mere er efter døden. Det var jo skammeligt at sige, at Kristus ikke er til, ej heller hjælper hverken levende eller døde.

Det sjette og sidste er nu det hvormed han slutter: "Har vi alene i dette liv sat vort håb til Kristus, er vi de ynkværdigste af alle mennesker." Det er så meget sagt: Var det sandt, at intet liv

56

skulle følge på dette, så ville jeg give dåben, prædikestolene og kristendommen en god dag. *For se på en kristen og jævnfør ham med andre mennesker, som ikke tror, som lever i sus og dus, har og gør, hvad de vil, og når de har levet ud, siger Job, så farer de herfra i et øjeblik og mærker eller fornemmer aldrig hverken, hvad ret lidelse og bedrøvelse, jammer og hjertesorg er.* Imod dem må vi, som vil være kristne, have alle slags plager og ulykker, idet man foragter, spotter, forbander og dadler os og er os så fjendtligt, at verden ikke under os at leve på jorden, og vi må dagligt kun vente det værste, som Djævelen og verden kan pålægge os. *Hvem ville være så gal og blive en kristen, hvis det kommende liv ikke var til?* Hvem skulle ikke kunne sige: Når de andre har så gode dage og lever i sus og dus, så vil jeg også gøre som de. Hvilken grund har jeg til at lade mig plage og opleve sådan list, had og modstand af verden? Ud over det må en kristen dertil have så mange indre bedrøvelser og hjertets græmmelse samt stadig frygte og forskrækkes for døden, synden og Guds vrede. Disse er først de rette stød.

For den ydre lidelse er alligevel en barneleg og kun en ABC af de kristnes elendighed og lidelse, idet verden forfølger og forjager dem og beviser dem al slags ondskab. Men dette trænger sig igennem, nemlig den angst og ve, som de bærer i hjertet, og at de ængstes for den evige død og frygter at bliver Djævelens makker i Helvedes afgrund. Dette ligger dem dag og nat på hjertet, og de må kæmpe derimod, så at de vel måtte svede blod. Jeg ville meget hellere et helt år ligge i fængsel, lide hunger og tørst end en dag udstå en sådan Helvedesangst af Djævelen, hvormed han angriber de kristne, som tror og er visse om den kommende opstandelse og det evige liv, som er dem beredt, ligesom dommen og den evige ild kommer over de onde. Men selv om de kristne véd dette, har de ingen ro, før de bliver frelst fra denne jammerdal.

For de har her de to veje for sig samt Djævelen og deres egen samvittighed imod sig, som siger dem, at de ikke er fromme, og har Skriften til vidne, at vi alle sammen er synder og skyldige til fordømmelsen. Dette kan Djævelen gøre nytte af og kvæle hjertet, at man koldsveder deraf. Den kristne må brydes og kæmpe derimod for at blive stående i troen, så man ikke må opgive for sådan bedrøvelse og angst skyld, men forblive i den tillid, at Gud er ham nådig og vil tage ham til sig i Himlen. Heraf véd den store flok slet intet. De frygter hverken for Guds vrede eller dom eller for Djævelen eller døden. De tænker ikke andet end at de dør, ligesom en ko dør. Imens er de sikre og glade, og på slet ingen måde erfarer de noget af en sådan hjertens græmmelse.

Derfor er en kristen jo et overmåde elendigt menneske og elendigere end alt, som kan hedde elendighed, idet hans hjerte daglig må steges på denne ild og altid forskrækkes og bæve, så ofte en tanke falder ham ind om døden og Guds strenge dom, samt frygte, at han har fortørnet Gud og fortjent Helvede, skønt han er from og vel øvet i troen. For disse tanker ophører ikke hos ham, ja, kendes meget mere og eftertrykkelig end de gode tanker. *Derfor ser man mennesker, som går så dybt bedrøvet og nedslået, i sådan anfægtelse og hjertens jammer, at de ikke kan sige det til nogen og ikke har nogen lyst og glæde, ej heller ønsker at leve her.*

Derfor siger Paulus: Vi må jo være gale og forheksede, at vi vil sænke os i denne elendighed, frygt, bedrøvelse og hjertesorg og intet øjeblik være sikre for døden og Helvede, hvis vi intet andet havde end dette liv. Hvad kunne vi have på jorden, selv om vi fik alt verdens gode, at vi derfor skulle blive kristne og drage denne lidelse over os? Hvem ville udholde at tilbringe sit liv sådan med idel jammer og hjertesorg og ikke få noget andet derfor ud over dette liv?

Hedningerne har visselig sagt: *Den er en dåre, som frygter for døden; for dermed ødelægger han sit eget liv.* Og det var også ret talt, *hvis man blot kunne gøre det.* For enhver finder selv, at han med sådan frygt intet mere udretter, end at han selv fordærver dette liv, så at det ikke er ham nyttigt og han aldrig glæder sig derover. Dette ser man på dem, som er stedt i så dyb sorg, at de ikke kan have nogen trøst eller glæde, om man gav dem alle slags gyldne smykker, fyldte dem med den bedste mad og drikke og bragte al slags underholdning og musik. For de har ingen følelse af livet, men omgås med idel dødstanker og er allerede stedt i døden. *Derfor give hedningerne det råd, at intet er bedre end helt at kaste al sådan angst bort og med vold slå det ud af sindet* og tænke: Hvad skal vi sørge derfor? Er vi døde, så er vi døde. Som de har sagt (som Paulus siden giver til kende): Lad os spise og drikke; i dag eller i morgen er vi døde. Dette hedder, kort og godt at skaffe sagen af bordet samt helt at udslukke Guds vrede, Helvede og fordømmelsen.

Men det kan de kristne ikke gøre. Og det lader sig ikke så snart bortkaste af et hjerte, som gerne vil tro, men kendes kun desto stærkere, jo mere troen kæmper og vil styrke sig. Da er man intet øjeblik sikker på livet, men har altid Guds dom og Helvedes ild for øjnene. Sådanne må man nu trøste med denne prædiken og sige: Kære menneske, skønt du fornemmer dette og det gør dig ondt altid at skulle leve sådan og være et usselt og elendigt menneske, *så giv dig dog tilfreds og vid, at det skal være sådan, når du er en kristen;* ellers havde du ingen kval. Alligevel må du værge dig derimod og holde dig med en fast tro derved, at din Kristus er opstået fra de døde, som også har været i sådan nød og Helvedesangst, men gennem sin opstandelse har overvundet det alt sammen. Derfor uanset jeg er en synder, og fortjener døden og Helvede, så skal det dog være min trøst og sejr, at min Herre Kristus lever og er opstået til det formål, at han endelig skal hjælpe mig fra synden, døden og Helvede.

Med sådan tro må de kristne dæmpe og stille sin lidelse og komme ulykken i forkøbet. Ellers var det umuligt at trøste et bedrøvet og forskrækket hjerte eller at bortvise disse tanker med en eneste glæde på jorden. Men det redder sagen, at den mand Kristus siger, at han er de elendiges Gud og Frelser, ikke deres, som lever sikre i velbehag, uden al angst, men deres, som frygter for Djævelen og Helvede. De skal gøre gavn af dåben, prædikestolen og evangeliet og slutte sådan: Når jeg kender, at jeg frygter for Helvede og Guds dom, så er det et tegn på, at og jeg er en kristen og har noget af troen. For den, som frygter derfor, må visselig tro, at et Helvede og en Himmel er til. Og modsat den, som ikke frygter derfor, tror heller ikke. Derfor skal jeg i sådanne forskrækkelser og bedrøvelser trøste mig deraf samt vende mig om gennem troen og sige til Djævelen og mit hjerte: Du skræmmer mig med synden og Helvede, men Kristus taler til mig om Himmel, retfærdighed, liv og evig salighed. *Han skal gælde mere hos mig end alle mine følelser og tanker.* Og sådan må man altid kæmpe og værge sig, at man må fatte og beholde denne artikel, som det er behov for at gøre både i livet og i døden.

Sådan ser du, at det er sandt, som han siger: Hvis vi kun i dette liv har håbet til Kristus, så er vi usleste blandt alle mennesker på jorden og dertil de største dårer, så at vi kun undsiger os alle fordele og bekvemmeligheder, lyst og glæde af dette liv og al skabningen, giver og sænker os forgæves i al fare til liv og levned og dertil i en uudsigelig og svær Helvedesangst og for verden må leve i al foragt og elendighed samt for Gud i en evig angst. Der er jo ingen ulykke eller plage, ild, lænker og sværd på jorden, som kan sammenlignes med denne plage, og alligevel skulle vi selv ville begive os deri eller blive deri. Hellere skulle vi gøre som verden og nu for tiden vor pøbel og sige: Hvorfor taler du så meget om evangeliet og troen? Bare jeg havde penge nok. Men far din vej, kære ven, med din flok og vær ved godt mod, så længe det varer. Så længe du ikke er en kristen, og heller ikke tror noget om Gud eller Djævelen, så kan du leve godt og have ro og fred. Men vil du være en kristen og med alvor gribe efter det kommende livet, så må du erfare, hvordan Djævelen angriber dig og kristenheden med al skabningen, som han dertil kan bruge, så han kan forskrække, bedrøve og gøre livet surt for dig, så at du hverken dag eller nat får nogen ro, og *selv må sige af egen oplevelse, at der intet uslere væsen eller liv findes på jorden end at være en kristen.*

For Kristi skyld opkommer al jammer og græmmelse. Det kommer deraf, at Djævelen er vred på ham, hans ord og styrelse samt hele kristenheden, så at vi nu må undgælde for hans skyld og ikke behøver tænke, at vi her på jorden skal nyde nogen glæde eller bekvemmelighed. Men de andre kan han godt unde gode dage og fred, selv om han dog lønner dem til sidst som bødlen sine tjenere. Imens må vi altid imod ham holde stand som hans erklærede fjender og dagligt angribes af ham. *Så er det sandt, jo frommere et menneske er, desto snarere dør han.* For skal Gud opretholde et fromt menneske, at han kan lever længe, så fordres en særlig kraft og magt dertil, som er større og stærkere end både menneskers og Djævelens. Ellers er Djævelen så bister og ond, at han dræber og slagter dem alle i en hob som usle slagtefår.

v20-21. Men nu er Kristus opstået fra de døde som før-stegrøden af dem, der er sovet hen. Fordi døden kom ved et menneske, er også de dødes opstandelse kommet ved et menneske.

Her sætter han følgen af de tidligere stykke og fremholder, at det ikke er sådan, som man efter fornuften kunne tænke, nemlig at de kristnes tro og prædiken intet er og vi intet andet er end de usleste mennesker på jorden. Han giver hermed den eneste rette trøst imod det, som man i ydre måde så tydeligt ser og erfarer. For som sagt, så må de kristne have en anden og højre trøst end guld og sølv eller sang og dans og alt, hvad verden har. En nær-rigbug kan man trøste med penge, en syg med lægedom, en tig-ger med et stykke brød. Men slet intet heraf kan hjælpe en kri-sten. For når han tror og véd, at Gud har en Himmel og et Hel-vede, så forskrækkes hans hurtigt for Guds vrede og bliver for-sagt og nedslået. Derfor har han ingen glæde eller trøst uden kun af det kommende liv, når han hører denne artikel, at Kristus er opstået fra de døde, for at han også kan opvække ham og fører ham fra døden og alt onde til evig glæde.

Man ser også godt, at Paulus har haft alvor og særlig lyst til at prædike denne artikel, som han også driver så stærkt på som ingen anden, da han er blevet klog og lærd af egen erfaring, at man alene bør holde sig ved den samme og kun med troen, samt lukker for fornuften tillige med alle fem sanser og ikke vil se eller kende, hvad man ser og kender. Ellers er der hos de kristne intet andet end jammer, hylen og gråd og den ene ulykke på den anden. *Derfor må vi jo have noget andet, som kan styrke og trø-ste vort hjerte, så det må se på noget andet end dette elendige og jammerlige væsen. Dette sker nu kun gennem denne prædiken.* For dertil bliver vi døbt og kaldet og hører evangeliet, ikke før at vi må blive rige eller beholde gods og ære, som juristerne læner og driver; heller ikke hvad vi skal spise og drikke, som det påhviler vores forældre at sørge for; ikke hvordan man skal regere land og folk, som hører herrer og fyrster til; men at vi skal rette vort hjerte på et andet liv og væsen, som endnu ikke er for hånden og alligevel sikkert skal komme.

Derfor siger Paulus nu: Lad os være så elendige, at intet menneske på jorden er så elendig; lad alt det forskrække og bedrøve os, som kan forskrække og bedrøve, Helvede, død og alt ondt. Lad det være så ondt, som det nogensinde kan blive. Men nu er jo Kristus opstået, ikke af søvnen, siger han, men af døden. For han var død og havde ligget under jorden så vel som andre, men han er atter fremkommet levende ud af den grav, hvori han lå begravet, og har både dræbt døden og opslugt Djævelen, som havde slugt ham, samt har sønderrevet hans mave og Helvedes gab og er opfaret til Himlen, hvor han nu sidder i evigt liv og herlighed. Dette skal være vor trøst og berømmelse. For i hans navn er vi døbt, hører og bekender hans ord. Af ham hedder vi kristne, og for hans skyld lider vi af Djævelen al ulykke og elendighed. For det gælder ikke os, men ham selv og hans rige, som Djævelen er vred på og søger, hvor han kan ødelægge det samt plage og trætte os med ulykker, plager og sorger, for at vi skal forsage Kristus.

Men vi vil også trøstelig sætter os imod ham og sige: Nej, du onde og lede Djævel, så meget ondt skal du ikke kunne gøre, at jeg for din skyld skulle forsage dåben og min Herres navn. Kan du pukke og rase på din død, ild, vand, pest og Helvede, så kan vi pukke på denne Herren Kristus, som har overvundet dig og som kan kvæle dig igen og til evig tid styrte dig i Helvede, som han også skal gøre, og rykke os levende ud af din mund. Derfor opslug os, hvis du kan, eller jag os i dødens gab! Men straks skal du få se og kende, hvad du har gjort, og vi vil derimod i din mave gøre en rummel og hive os ud gennem dine ribben, at du hellere skulle have opslugt en torn, ja, en hel sæk. For du har også før opslugt og begravet en, som var dig for stærk, så at du med al skam måtte give ham tilbage, hvor meget du end pukkede og spottede: "Andre har han frelst, sig selv kan han ikke frelse." Men nu pukker han imod dig igen og er blevet din død og Helvede og skal snart gennem os omstyrte dig og alt dit på den yderste dag.

Ja, siger du, Kristus har vel let ved at pukke mod Djævelen og døden, når han sidder deroppe, så at ingen kan gøre ham noget. Men hvad har jeg deraf eller hvordan kommer jeg dertil, for jeg er jo tilbage her, og han lader mig nu sidder skønt i Djævelens og dødens vold? Derpå svarer Paulus herligt med et ord, i det han siger: "Nu er Kristus opstået fra de døde som førstegrøden af dem, der er sovet hen." For med ordet førstegrøde lader han forstå, at han ikke er alene, men at flere skal følge efter. For denne mand må du ikke så anse, som om han kun var opstået fra de døde for sin egen person. For vi havde en dårlig trøst deraf, hvis det ikke gik videre. Så skulle det ikke gavne os mere, end om han aldrig var blevet menneske.

For sig selv havde han ikke behøvet dø, for han var født uden synd, og Djævelen havde ingen ret til ham. Han var dertil Djævelens og dødens Herre, så at de ikke turde angribe ham. Han havde kunnet trodse dem uden at krumme det mindste hår, ligesom han i Getsemane Have slog jøderne omkuld, da han sagde: "Det er mig." (Joh 18, 6). Men sådan må du anse ham, at *denne hans død og opstandelse gælder dig og mig.* Som han for vor skyld er død og har ligget under jorden, ligesom du og jeg dør og må under jorden, sådan er han også *for vor skyld opstået* og *har gjort det bytte med os,* at som han er død for vor skyld, sådan skal vi gennem ham komme ud af døden til livet igen. For han har gennem sin død opslugt vor død, for at vi skal opstå og lever, som han er opstået og lever. Derfor hedder han retteligt "Førstegrøden", den førstefødte af de døde, idet han går forud og fører hele flokken efter sig. For hvor den første nævnes, hører flere med end én person, og her må de medregnes, som skal følge efter – den anden, den tredje og så videre, alle sammenføjet med hinanden – så mange de er. Om han alene var opstået og ingen skulle følge efter ham, kunne han ikke kaldes den første.

Bemærk også at han ikke vil kalde dem døde, som skal opstå med Kristus, men siger: "Dem, der er sovet hen.", selv om han ikke om Kristus siger, at han er opstået af søvne, men fra de døde. *For det, som forud på Kristus var en evig død, er nu, siden Kristus er gået gennem døden og er opstået, ikke mere nogen død, men er blevet til en søvn, så at de kristne, som ligger i jorden, ikke hedder døde, men sovende, som de der også visselig skal opstå.* For om dem, som ligger og hviler for at vågne og stå op igen, siger man, at de sover. Sådan taler man ikke om dem, som ligger, så der intet håb er om, at de skal stå op igen. Dem kalder man ikke sovende, men døde legemer. Den kommende opstandelse bliver sådan i Skriften tilkendegivet også gennem ordet "sove".

Og – det som er endnu mere – idet han kalder Kristus den førstefødte af dem som sover, vil han lade forstå, at *man bør anse og forestille sig opstandelsen, som er den allerede begyndt i Kristus*, ja, der er allerede sket mere end halvdelen, så at det, som er tilbage af døden, ikke bør agtes for andet end for en dyb søvn. For med vort legemes kommende opstandelse skal det ikke foregå anderledes, end som når nogen hurtigt vågner af en dyb søvn. For det fornemste og bedste stykke af opstandelsen er allerede sket, nemlig at Kristus, vort hoved, er opstået. Men når hovedet sidder der oppe og lever, så har det ikke mere nogen nød, for os, som hænger ved ham som hans krop og lemmer. Vi må også komme efter; for hvor hovedet går og bliver, må også legemet med alle lemmer følge efter og blive. Ligesom i menneskers og alle dyrs fødsel hovedet naturligt kommer først frem og, når det er født, da følger siden hele kroppen let efter. Når nu Kristus er nået over og oppe i Himlen regerer over synd, død, djævel og alt og har gjort dette for vor skyld, for at han måtte hjælpe os efter sig, så behøver vi ikke mere sørge for opstandelsen og vort liv, selv om vi farer herfra og forrådner under jorden. For det hedder nu intet mere end en søvn, og er for ham kun om en nat at gøre, at han opvækker os af denne søvn.

Når jeg nu véd og tror dette, så er mit hjerte eller samvittighed og sjæl allerede gennem døden og graven hos Kristus i Himlen samt lever og glæder sig af ham. Sådan har vi fået de to bedste stykker og mere end halvdelen af opstandelsen. Og når han gør hjertet levende og nyt gennem troen, så skal han også trække den gamle sæk af og atter iklæde os kjortlen, så vi skal se ham for vores øjne og leve med ham. For det er hans ord og værk, hvorpå vi er døbt samt lever og dør. Derfor skal det visselig ikke slå os fejl, som det heller ikke har slået ham fejl, når og hvor vi dør, være sig på vor sygeseng eller i ild og vand, gennem vold eller sværd. Da må Djævelen som en morder og slagter vel se til, hvordan han kan kvæle os og udrette sit håndværk, så at vi ikke kan vælge, hvordan vi skal dø. Men hvordan han afliver os, så skal det ikke skade os. En bitter drik kan han vel give os, som man giver dem man vil bedøve, så at de ikke mere har nogen følelse. Men vi vil atter vågne op og komme frem på den dag, når basunen skal lyde. Det skal han ikke kunne forhindre, når vi *nu allerede i Kristus er mere end halvvejs ude af døden*, så at han jo heller ikke kan beholde den usle krop og madsæk.

Se, sådan må vi lære at anse vor skat og vende os fra dette timelige væsen, som er for øjnene, og ikke lade døden og andre ulykke, jammer og elendighed skræmme os. Heller ikke skal vi agte, hvad verden har og formår uden jævnføre dermed, hvad vi i Kristus er og har. For vor trøst består kun deri, at han er opstået og at vi allerede har livet med ham og ikke mere er i dødens vold. Lad derfor verden være tåbelig og gal, så den praler og pukker på sine penge og ejendele, og Djævelen med sine forgiftede pile raser i samvittigheden og dertil pålægger os alle slags plager. Derimod skal vor eneste berømmelse og trøst være, at Kristus er vor førstefødte og har begyndt opstandelsen, brudt igennem Djævelens rige, Helvede og døden og ikke mere dør eller sover, men råder og regerer evigt i Himlen, så han også må hjælpe os af dette fængsel og døden. I den førstefødte skal alle vores penge, ejendele og alt bestå, hvorpå vi har at pukke. Det er et det sted, hvor hverken djævel eller verden kan komme.

Hvorfor vil vi da lade os forskrække og gøre os modfaldne, om end Djævelen går os under øjnene og farer derefter, som ville han tage alt fra os: dræber hustru og børn, plage hjertet med al slags jammer og bedrøvelse og til sidst også aflive vor krop, idet han mener, at han dermed har borttaget alt. Med alt dette skal han på langt nær ikke vinde sit ønske. Liv og levned kan han vel nu tage, når vi ligger her i hans herberg, hvor han intet andet gør end daglig dræber og myrder ligesom en bøddel eller en slagter i et hus, som er helt fyldt med får. Og så længe vi nyder vor fortæring i dette hotel, så må vi også holde til for ham. Han giver ingen anden mad end pest og alle slags sygdomme og skænker ingen anden vin eller drik end idel gift. Derfor har vi intet andet at vente, end at han fylder os dermed samt siden slagter og trækker huden af.

Men om han end gør alt dette, så har han dog dermed ikke taget noget fra os. For vor ejendom og skat, som vi kristne har, er ikke hvad verden søger og har i dette liv på jorden, men vi har allerede sikret den (så at han ikke skal tage den fra os) i denne førstefødte blandt de døde, som sidder i Himlen og er faret ud af morderhulen og taget vort liv og alt med sig. Deroppe pukker vi og bespotter Djævelen dertil, sigende: Når du er så lysten at sluge os kristne og mener du skal få en lækker mundfuld, så dræb og slagt, steg og slug os med hud og hår. Men hvad har du mere, om du end aldeles opsluger os? Dermed skal du endnu ikke på langt nær have slukket din umættelige hunger. For du finder ikke det du søger og ønsker, som er vor bedste og største del, ja, *vort hele liv og skat, nemlig den artikel om opstandelsen i Kristus.* Derigennem er vi allerede rykket ud af dine tænder og alt for højt ophøjet. For den skat ligger ikke nær eller i os, ellers havde du snart rykket den bort, men deroppe i Kristus. Der skal du lade ham stå uangrebet og alligevel ikke have nogen tak derfor. Hvad skader os da, at du nu kvæler os i legemlig måde? For dermed gør du intet andet end hjælper denne usle madsæk ud af elendigheden, at han også må komme hen, hvor han skal, hvor hovedet og hjertet og alt (undtagen vor ulykke) er. Så skal du da se og kende, hvad du har slugt, og skal for ingen blive så surt, som for dig alene, at du selv skal tvinges til atter at sluge og drikke just den pest og det gift, som du har givet os, som skal sønderrive både mund og mave og gøre en ende på dit rasende.

Se, sådan må vi værge os og pukke imod al den lede fjendens forskrækkelse, når han dog ikke kan andet end tilføje os al jammer og hjertens sorg, så han kunne skaffe denne artikel og førstefødte Kristus fra vores øjne og hjerte, så at vi ikke tænker på, hvem vi tilhører, eller hvad vi har og hvad vi hedder. Sådan har Paulus nu bevist, at Kristi opstandelse er årsagen, hvorfor vi også skal opstå. Det begrunder og forklarer han nu videre gennem en lignelse og siger:

v21. Fordi døden kom ved et menneske, er også de dødes opstandelse kommet ved et menneske.

Det vil sige: Som Adam er begyndelsen og den førstefødte, gennem hvilken vi alle må dø, som han døde, sådan er Kristus den førstefødte, gennem hvilken vi alle skal opstå til et nyt liv, som han først er opstået. For det er de to personer og billeder, som Skriften sætter imod hinanden. Gud har skikket det sådan, at som døden gennem en er kommet og endnu kommer over alle mennesker, sådan skal også opstandelse fra døden komme gennem en. Derfor er Adam Kristi forbillede, som apostlen siger i Rom 5, 17, hvor han videre, og udførligere behandler dem begge, dog sådan, at dette billede, Kristus, udretter mange bedre og andre ting, ja, genopretter det, som dets modbillede Adam havde gjort. For Adam har ikke gjort andet end plantet døden arveligt på alle mennesker, så at både han og vi må blive deri, og ingen kan undgå den. Men skulle dette hjælpes, så måtte Gud på ny lade et andet menneske komme, som atter skulle føre os fra døden til livet.

Så sætter nu Paulus disse to billeder imod hinanden og vil sige, at gennem et menneske, som hedder Adam, er så meget udrettet, at alle mennesker må dø. Både Adam og vi må dø, skønt vi ikke har smagt frugten, men derigennem er kommet i synd og død, fordi vi er født af ham. *Dog er det efter faldet og når vi fødes ikke mere en fremmed synd, men den bliver vor egen.* Det er jo en jammerlig handel samt en skrækkelig og gruelig Guds dom, og var da meget grueligere, hvis vi alle skulle blive evigt i døden. Men Gud har sat et andet menneske derimod, som hedder

Kristus, for at, ligesom vi for den førstes skyld uden vort forvolden dør, skulle vi derimod lever for Kristi skyld, uden vor fortjeneste. Og som vi i Adam må undgælde det, at vi er hans lemmer eller kød og blod, altså nyder vi også her i Kristus, at han er vort hoved og er idel gave og skænk.

Derfor har vi intet at berømme os af vores gerninger og fortjenester, som vores munke og falske helgener lærer. For hvad vil vi, som er født i synd og hører døden til, når vi er af Adams kød og blod, udrette gennem vores munkekapper eller andre gerninger til at arbejde os både ud af synd og død, så at vi ud af støv og aske skulle fremkomme levende og klarere og skønnere end solen og al skabningen? Det kan jo ikke være menneskekraft og evner eller nogen skabnings, heller ikke englenes i Himlen, men kun Guds egen. Det må være en anden mand, som skal fortjene og udrette dette, som hedder Kristus Guds Søn og Herre over synd, død, djævel og al ting, som Paulus siden siger om ham. Han er den, som har erhvervet denne artikel og begyndt den i sig selv samt skænket os, at vi gennem ham kommer dertil kun af den grund, at vi gennem dåben er indpodet i ham og til denne artikel kaldet og indpodet, at vi skal opstå og lever gennem samme kraft og fortjeneste, som han er opstået og lever.

Når det nu slet ikke står i vor magt at undgå døden og vinde evigt liv, så har vi desto stærkere trøst og håb, at vi alligevel så sikkert skal have livet gennem Kristus, som vi nu af Adam har og kender synden og døden. For om det stod til os eller var betroet til os, at vi gennem vort eget gørende skulle rokke os løse fra synden og døden og erhverve livet, så kunne vi i alle vores livsdage ikke have nogen ro, men var tvunget til at plage og ængste os selv med gerninger. Og når vi havde plaget os dermed til døden, og om et menneske udrettet hele verdens hellighed, så kunne vi dog ikke være sikre eller visse på, at vi havde gjort nok og udrettet så meget, at Gud måtte være tilfreds dermed. Derfor har Gud bevist os den nåde og overdraget dette til et menneske, som *uden os og før os allerede har erhvervet og udrettet alt,* så at det for os er sikkert og ikke kan fejle. Men vi, hvad os selv angår, er helt uværdige at komme dertil. Det hjælper os intet, hvad vi gør eller formår, at vi derved kunne erhverve nåde og opstandelse, uanset om vi gør gode gerninger og skal gøre dem. Lige sådan som vi gennem Adams fald er kommet dertil, at vi er syndere og må dø. For vi har jo ikke gjort noget dertil, at han spiste af æblet og faldt; selvom vi derefter også gør synd. Sådan bliver alt det, som angår synd og retfærdighed, død og liv, kun i de to mennesker; som han nu videre udfører:

v22. For ligesom alle dør med Adam, skal også alle gøres levende med Kristus.

Paulus taler endnu ikke om andre end om dem, som er kristne, som han med denne artikel vil lære og trøste. For selv om de vantro også alle skal opstå, så skal det dog ikke blive dem til noget gavn eller glæde, når de skal opstå ikke til livet, men til dommen. Derfor er det heller ikke nu nogen trøsterig prædiken for verden og ugudelige mennesker at hører om denne artikel. Jeg fandt det hos mig selv, da jeg ville være en hellig munk og var som allerfrommest. Jeg havde da meget hellere hørt om alle djævle i Helvede end om den yderste dag, og hårene rejste sig, når jeg tænkte derpå. For ud over det, at al verden er sådan sindet, at den ikke gerne vil miste dette liv og dø, men forskrækkes, når man taler om døden og det andet liv, så er vi alle nedsænket i vor egen helligheds urenlighed og har ment, at vi med vort levned og gerninger skulle dæmpe Guds dom og fortjene Himlen.

Vi har dog ikke udrettet andet dermed, end at vi er blevet kun værre, og denne dag mere fjendtlig. Jeg vil ikke tale om den anden store og vilde flok, som kun søger sin glæde og trøst her, foragter Guds Ord og ikke vil give en halvøre for Gud og hans rige.

Om nu sådanne mennesker har den plage, at de ikke gerne hører om den salige opstandelse, så er det ikke underligt. Men for os er denne prædiken idel trøst og glæde, når vi hører, at vor skat, som vi har at glæde os over, allerede er oppe i Himlen og at han skal opvække og drage os efter sig med så ringe besvær, som når et menneske vågner af søvnen, så at der hverken skal være sorg eller ve mere, og hverken verden eller djævel mere plage og bedrøve os. Når de nu forfølger og piner os, så skal da bladet vende sig, så at de skal råbe evigt ak og ve, men vi evigt glæde os. For når Kristus skal være en dommer både over fromme og onde, så må også de frem på den dag, så de må få sin dom og straf for det, som de har gjort imod Kristus og os af ubodfærdig djævelsk ondskab.

Men det er en mærkelig prædiken, som Paulus her gør derom, hvordan både død og evigt liv kommer, og kunne for den kloge fornuft og verdslig visdom anses for en stor og grov løgn: *at hele menneskeslægten skal dø for et eneste menneskes fremmed synds skyld*. For det synes jo alt for urimeligt, at Gud skal foretage sig en så mærkelig leg og stille sig så dårligt til sagen med sin dom, at, når Adam bider i et æble, så skal han udrette så meget, at alle mennesker efter ham indtil verdens ende hører døden til. Men hvad skal vi gøre ved det? At døden overgår os, ser vi jo alle for øjnene, men at den kommer af en ringe synd, lyder alt for mærkeligt og er jo ikke sandsynligt, om man med ord skulle udlægge det og jævnføre det ene med det andet.

For Adam havde jo dog gjort hverken mord eller hor, ingen bestjålet eller røvet, ej heller spottet Gud eller bedrevet flere lignende forsmædelige og onde synder, hvormed verden nu er fuld. Han havde kun bidt i et æble, hvortil han var overtalt og bedraget af Djævelen gennem kvinden. Må man da (kunne fornuften sige) regne dette ene æble så højt, at hele verden må undgælde det og så mange herlige, fortræffelige og vise mennesker, ja, Guds Søn selv, tillige med alle profeter, fædre og helgener skal dø? Ja, om det alligevel kun var den død, om hvilken verden og vise mennesker taler, når de trøster sig imod døden dermed, at den er en ende på al ulykke! Siden følger noget derefter, hvor de skulle befinde sig bedre (som de håber på), sådan erkender de det, skønt de ikke kan slutte noget sikkert derom, men slet intet har de vidst af opstandelsen. Men at vi alle for denne fremmed synds skyld skulle have fortjent evig straf og fordømmelse og plage i Helvede, det vil meget mindre ind i et menneskes hjerte. For det synes at være alt for forkert dømt og uretfærdigt handlet af en så høj majestæt, som er den højeste visdom og godhed.

Nu må vi, som sagt, alle bekende, hvor urimeligt det synes, at vi må dø. Men at det kommer fra Adam, det må vi her lære at tro. For intet menneskes hjerte eller visdom har optænkt eller af sig selv udfundet, at *døden er syndens straf*, men alle har tænkt og holdt for, at det var *en naturlig sag*, ligesom når en hund eller et andet dyr dør eller som solen går op og ned, græsset vokser og visner, og alle ting af naturen er forgængelige og forsvinder, som de er kommet. *Men Skriften lærer os, at vor lidelse og død ikke kommer på naturligt måde, men er en frugt af vor første fader Adams synd og en straf* for at han forgreb sig så højt imod den høje majestæt, at han og alt det, der kommer fra ham og fødes på jorden, må høre den evige død til og at ingen kan undgå eller forhindre denne ulykke.

Men modsat lyder det for verden urimeligt, og mærkeligt, ja meget mere utrolig, når Paulus her siger, at alle mennesker i ét menneske skal opstå og at sådan alt skal ligger og hænge på ét menneske både død og liv, og hele verden intet gør eller formå dertil, og intet menneskes magt eller kraft, ingen helgens levned, dyd og gerning, skal være en tilstrækkelig årsag dertil, at han opstår fra de døde. Det er tværtimod langt fra enhvers evner og fortjeneste stillet på en eneste mand, som har været ukendt og foragtet af verden og dertil er blevet dræbt på det allermest skændige og jammerlige. Ham skal hele verden gøre den ære, og holde ham alene for den, gennem hvilken vi alle opstår. Og ingen hellig munk, ja, ingen profet, apostel eller martyr kan gøre noget dertil eller fortjene det med alt deres væsen. *Dette er jo en urimelig ting, om man vil tænke på sagen, som ofte ser underlig og fremmed ud for mig selv.* Dette er sandelig en artikel, som er svær at få ind i hjertet. Når jeg ser et menneske bæres død bort og begraves, skal jeg dog gå derfra med dette hjerte og sådanne tanker, at vi atter skal opstå. Hvordan eller hvorigennem? Ikke gennem mig eller for en enestes fortjenestes skyld på jorden, men gennem denne ene Kristus. Og det så sikkert og meget vissere, end at jeg skal blive begravet eller se en anden begraves, som jeg ganske sikkert véd og har for øjnene. *Derfor hedder det en prædiken for de kristne og en trosartikel,* for det, som er verden, holder dette for idel bedrageri og slutter, at det ikke kan være sandt, at Gud skulle handle og dømme så tåbeligt, at han for ét menneskes skyld skulle fordømme hele verden uden forskel eller modsat for ens skyld gøre alle salige, uden deres medvirken.

For efter vor forstand må det være sådan, hvis man skal dømme ret, at enhver skal dø eller leve for sig og for sin fortje-

nestes skyld, ligesom man i verdslig regering hænger eller hals-
hugger en misgerningsmand for hans egen misgerning, og en-
hver undgælder eller nyder sin ondskab eller fromhed. Det rimer
sig slet intet, at nogen skulle dø eller løsgives for en andens
skyld. Altså var det ret og rimeligvis for verden, *som det også
nu er muslimernes, ja, hele verdens tro* (når den er som bedst),
at den, som har været from, skal opstå på den yderste dag og leve
og modsat. Men at et menneske skal undgælde for alle menne-
sker, og vi alle *ved en fremmed fortjeneste* lever eller dør, så at
alt skyldes ens fader, uden nogen anden årsag, det hedder at lære
og prædike forargeligt og latterligt. Men det har dog været Gud
velbehageligt, der vil beskæmme verden samt gøre de vise til
dårer og udrette sit værk sådan, at ingen skal begribe det.

For hvis han gjorde det på den måde, som du og jeg forstod
og havde dikteret ham, hvad ære havde han da deraf og hvad var
han da for en Gud, om han lader sig belære af os og skulle
dømme og virke efter vor visdom? Men nu gør han sådan, at
hans visdom bliver højere end vor, og vi må give os fanget der-
over samt slippe vort grublen og sige: Efter min visdom var det
ikke ret, men når du siger det, så er det ret og rimelig. Den, som
nu ikke vil det, men sætter sin visdom frem for og over Guds
visdom og dømmer ham derefter, må besinde, hvad han gør.
Men vi skal og vil her fornedre vor kloghed og bruge den om
køer og heste, træ, hus, marker, osv. Her må du være klog,
dømme og regere, som du vil, og blive derved. Man i hans vis-
dom og styre bør vi ikke gøre indgreb, for det er os alt for højt
og for fjernt, når vi er under ham og han over os som vor skaber
og Herre. Derfor skal vi høre ham og tro, hvad han siger, så at
han må beholde sin ære uforkrænket samt hans nåde og barm-
hjertighed kun gælde uden alt vor berømmelse og vor fortjene-
ste.

Dette er nu den prædiken, som Paulus gerne prædiker og driver, men den tjener, som jeg altid siger, kun de kristne, som er i stand til at modtage denne artikel og tro den, som de der kender sin synd og død samt erfarer og indrømmer det punkt, at de gennem Adam er faldet i synd og i Guds unåde og fordømmelse og er dømt til døden. De går og bærer derpå uafbrudt og vil gerne være det kvit. Og selv om de efter kødet ikke har lyst til at dø, så har de dog den trøst, at de vil være frelst derfra, og de længes efter opstandelsen. De lider syndens og dødens forskrækkelse i det håb, at Kristus skal hjælpe dem derfra, og de har intet andet i sit hjerte end denne længsel og uudsigelig sukken og råben af alle kræfter, som Paulus gør i Rom 7, 24-25: ”Jeg elendige menneske! Hvem skal fri mig fra dette dødsens legeme? Men Gud ske tak ved Jesus Kristus, vor Herre!” Som ville han sige: Jeg kender den død og jammer, som jeg har fra Adam, og den gør mig så ondt, at mit hjerte kunne smelte i mit liv; men imod dette holder jeg mig til den mand Kristus og trøster mig dermed, at jeg gennem ham har livet.

Men denne trøst er ganske hemmelige, og man har en ganske svag følelse af at man trøster sig i en så dyb sukken og længsel, hvoraf hjertet ryster og intet andet kender end besværet og trykket af synd og dødsfrygt, så at det må råbe, og alligevel ikke fornemmer eller kan udsige mere deraf, end at man gerne ville blive dette kvit og bliver salig, og altså må holde ud med sin sukken og længsel. Men dette tjener dertil, at en kristen i en sådan angst må lære at søge den rette trøst, ikke hos sig selv eller hos mennesker eller noget andet skabning, men i Kristus, gennem hvem alene så meget er fortjent og erhvervet, at synden og døden, som er kommet fra Adam, ikke kan skade os, men at vi ved og gennem ham skal komme til livet.

Dette kan de ikke-kristne og vantro helgener ikke, skønt også de råber og er i angst, når deres stund kommer. Men så højt kan de ikke komme med sine tanker eller sukke så dybt i hjertet, at de skulle kunne forstå, at Gud skulle og ville hjælpe dem ud af det gennem Kristus uden deres fortjeneste, men de må fortvivle af forskrækkelse og rådløshed. For de kender ikke den lære, hvordan man skal komme ud af døden, nemlig at det kun sker gennem den ene Kristus. De løber nu til en helgen, nu til en anden, søgende her en gerning og der en gerning. Men en kristen lader alt dette bestå, som den der har lært og erfaret, at der ingen steder på jorden er nogen hjælp imod døden, som er os medfødt og tvinges derfor til at møde og lide den ligesom de andre, så at han deraf ængstes og kvæles. Men han råber til Gud med en sådan tro, at Gud igennem Kristus hjælper ham derfra. Herved trøster han sig daglig, indtil han af dette liv er kommet vel frem.

Dertil har vi den fordel, som jeg også allerede har nævnt, at døden i Kristus intet mere er samt at det fornemste og bedste stykke af opstandelsen er sket, og vi gennem Kristus også har fået en forsmag deraf i vort hjerte og at det, Gud ske lov, er kommet dertil, at fjenden næsten ingen tænder har og har mistet sit sværd. For om man vil regne efter, så har han allerede så godt som gjort ende på hele verden og slugt næsten alt indtil foden, idet han har dræbt størstedelen af menneskeslægten, hovedet, brystet, maven og benene, dertil også helt ned til foden. For vi er nu intet mere end de yderste tæer, som Daniel siger i 2, 41-42 om det store billede. For de fire monarkier eller kejserdømmer er allerede ødelagt, dertil alle profeter og fædre samt Kristus selv med sine apostle og helgener. Kort sagt: Størstedelen af kristenhedens hele krop, iberegnet de største, viseste fyrster, herrer og konger, så at intet mere end den sidste rest er tilbage og er klaret med et lille spring. Ligesom når man næsten har fuldført hele vinhøsten, da intet mere end en drue eller to bliver hængende, eller når man ryster et træ og to eller tre æbler bliver tilbage derpå, som jo intet er mod hele høsten. Sådan har også døden næsten fuldført sin dræben og nu snart regeret ud, undtagen, at den endnu ikke kan blive mæt, inden den også har slugt den lille bid af fromme mennesker, som endnu er tilbage.

Men derimod har Kristus hos sig og sine helgener allerede bragt livet til veje og udrettet alt, så næsten alt er færdigt. For han sidder i Himlen som vort hoved og regerer over hele menneskeslægten så mægtigt og vældigt, at hele verden intet er imod ham. Han har allerede den fornemste del af sin krop, nemlig kristenheden, gennem troen på hans opstandelse. Det mangler ikke mere end et lille stykke til, at de, som tilhører ham og som med kroppen endnu ligger i jorden, skal opstå helt. *For de er nu alle sammen på et lille antal nær udtaget af denne elendighed og levendegjort i Kristus, når de lever i troen og er forblevet deri, som Kristus siger, at Abraham og alle helgener lever for Gud, skønt de er døde fra dette liv.* For vi har en Gud, som ikke er de dødes, men de levendes Gud. Dødens kraft er borttaget, og den har nu næsten intet mere at dræbe. De kristne har nu næsten alle fundet derhen og nu er tiden nær, at han skal fremstille os alle levende samt kaste døden og Helvede under vores fødder. Kort sagt: Vi er allerede med hovedet, ja, med ryg og mave, skuldre og ben ude af døden og den har intet mere hos os end kun en lille tå, som også snart skal komme vel frem. Derfor har vi, som nu er nået til verdens ende, den trøst, at det drejer sig om ganske lidt til og at vi nu er i sidste spring. *Inden vi ser os om, skal vi alle stå sammen hos Kristus og lever evigt med ham.*

Hvis vi tror Guds Ord, skal vi derfor ikke fæste os ved, at det lyder mærkeligt, det Paulus her siger, at som vi alle i ét menneske dør, skal vi også i ét menneske atter opstå. For det har været

Gud efter hans guddommelige visdom og godhed behageligt, at når vi uden vor skyld gennem Adam er kommet i synden og ingen af os kan hjælpe sig selv ud deraf, så skulle vi derimod gennem ét menneske, som var uden synd, komme tilbage til retfærdighed og evigt liv. For han ville ikke, at vi skulle blive i synden og døden, som det havde måttet ske, hvis ikke Kristus var kommet. Så er alt sammen idel nåde, og vi har ikke nogen videre skade deraf, at vi dør i Adam, men mere en fordel og et meget bedre liv, end vi inden havde, da vi ikke behøvede at dø. Men det er ubehageligt for det ydre menneske, vort kød og blod, som ugerne begiver sig dertil, for det kan ikke andet, og det er et stykke af den art, som er i det og som vi har arvet fra Adam, at vi frygter og flygter for døden.

Men imod dette kan han trøste sig med, at han med alle helgener, som hidtil har været, visselig har liv i Kristus, som allerede sidder der oppe og lever for sig selv og for dem alle. Derfor har vi også allerede nået mere end over halvdelen både angående dem, som forud er døde, og angående os selv. Og alligevel har vi fået alt sammen for intet og uden fortjeneste, så at vi intet skal gøre dertil, undtagen at vi bliver døbt, hører evangeliet og holder os til Kristus. Det er alt sammen ikke vort gørende, men hans nåde; ligesom vi slet intet gør dertil, at vi faldt i Adam, undtagen det at vi bliver født af ham gennem fader og moder og hænger og klæber ved ham som hans kød og blod. For han har ført os alle efter sig, just som en som vil gå op på et højt bjerg og så *falder baglæns ned og trækker alle dem med sig, som følger ham.* Som jeg nu gennem Adam er kommet til døden, sådan kommer jeg gennem Kristus til livet og behøver på min side intet gøre dertil, ud over at jeg modtager eller griber dette gennem troen.

Derfor er nåden, trøsten og glæden her så stor, ja større end den jammer og bedrøvelse og denne nytte er meget større end den anden skade. *Hvis nogen tilføjer mig en ringe skade og en anden rigelig erstatter samme skade, hvad har jeg da at klage på?* F.eks. hvis en tyv stjal ti kroner fra mig, og en rig herre giver mig hundrede kroner i stedet. Altså, selv om Djævelen pynter min krop gennem alle slags plager, så vil Kristus derimod give mig den igen meget herligere, skønnere og klarere end den klare sol. Derfor skal vi ikke se derpå, hvor ugerne vi dør, men i stedet indprente i hjertet den glæde og lyst, som siden skal følge i det andet liv og som skal være uudsigelig større og herligere end den skade og bitre ulykke, som vi nu har af Adam.

v23. Men hver til sin tid: Kristus som førstegrøden, dernæst, når han kommer, de, som hører Kristus til.
Paulus berører her ikke det spørgsmål, om flere er opstået fra de døde og er med Kristus i Himlen. Han taler kun om Kristus som én person. For han vil indtrykke hovedsagen i denne artikel rent og klart, at denne ene person Kristus skal være et udspring og en begyndelse til livet eller opstandelsen. Om derfor nogen hellige før Kristus, som Enok og Elias, er faret til Himlen eller er opvakt ved ham eller med ham opstået, det hører ikke til her, for man behandler ikke en enkelt persons opstandelse, hvor en eller to er opstået, men den almindelige opstandelse og om hovedet eller årsagen til den, som er Kristus. For om nogen er opstået for sig selv, er jeg ikke interesseret i at få at vide; men det er meget vigtigt, at vi véd, at Kristus er opstået og hvordan også vi gennem ham skal komme dertil og være, hvor han er.

I denne mening tilføjer han disse ord og sammenfatter Kristus og os alle, som skal opstå, så at han er hovedet og begyndelsen. Herom taler han sådan: "Hver til sin tid", det vil sige den ene efter den anden, først Kristus, siden vi. Herved rammer han også sin tids partier, som forfalskede denne artikel med mange slags snak. Nogle hævdede, at opstandelsen var sket for længe siden og ikke var at vente i fremtiden. De sagde: Vi hører dig vel sige, at Kristus er opstået og at du vil deraf slutte, at også vi skal opstå. Ja, hvornår vil det da ske, og hvem skal opstå forud eller bagefter. Endnu ser vi jo ingen, som er opstået, ikke engang Kristus selv? Sådan gjorde de af denne artikel skæmt og pjat, som havde den ingen grund *eller kun skete åndeligt.* Dem vil han svare og sige: Skulle man stille det foran næsen, så du kan se derpå, som en ko ser på en ny port. Apostlene så jo heller ikke Kristus opstå, da han hang på korset og lagdes i graven, og måtte alligevel afvente tiden. Sådan må vi også nu tro og ikke se; især når vi véd, at Kristus allerede er opstået som hovedet og den førstefødte. Og så må vi vente, til det tiden kommer, at også vi skal derop.

For det skal ikke gå sådan til, siger han, at Kristus skulle tage alle dem med sig, som var døde før end ham. Heller ikke sådan, at han særskilt skulle opvække de kristne hver for sig, som dør efter ham, den ene efter den anden. Han skal være banebryder og hovedet og erhverve alle kristne både før og efter ham, at de i sin tid skal leve i ham her på jorden, hvad deres åndelige væsen angår, og når siden tid kommer, skal han på én dag byde dem alle atter komme frem, som tilhører ham, og tage dem med sig. For han stod op, da hans stund var kommet. Sådan skal også vi stå op, når vor time kommer, og følge efter ham. For han vil ikke opvække os, før alle de, som tilhører ham, er kommet sammen. Fordi mange af dem endnu ikke er født, så må både vi og de, som er døde før os, vente, til de også kommer med, og døden, som nu daglig dræber os, aldeles ophører og bliver afskaffet, som han straks herefter siger.

Dette hedder her: Hver til sin tid, så at der er en forskel mellem hans og vor opstandelse. For ordningen fordrer, at han skulle være den første, som banede vejen og erhvervede livet. Siden samler han alle efter hinanden, som er hans lemmer og hører til opstandelsen, at de alle samtidig skal komme frem på én dag, som han har bestemt dertil og leve evigt med ham. Imens bliver han alene den førstefødte, og vi, som tror på ham, lever i ham mere end halvdelen, indtil han helt trækker den lille del frem, som er vort kød og blod. Sådan bliver han i sin og vi i vor ordning og har det visse håb, at når han som vort hoved for os er gået forud, så skal også hele kroppen følge efter i sin tid og blive, hvor han er. For det skal ikke ske hemmeligt eller i en krog, så at den ene skal opstå her og den anden der, men det skal være et åbenlyst væsen for al verden, da både død, synd og al ulykke skal være borte og idel liv og glæde for hånden, dertil også vores kroppe tillige med alle skabninger skal få en ny klarhed, som han har lovet. Derfor må man, som sagt, intet lægge til eller forstå hans ord, som skulle han taler om at nogen er opstået særskilt, for med dem er det ikke endnu åbenlyst eller i det fuldkomne væsen, som da skal være.

v24. Derefter kommer enden, når han har tilintetgjort al magt og myndighed og kraft og overgiver Riget til Gud Fader.

Når den time kommer, vil han sige, at vi, som tilhører Kristus, skal opstå og følge efter ham, så skal alt være fuldkomment, og da er det enden, som Skriften taler om, så at dette verdslige liv skal ophøre med al dets jammer og ulykke så vel som den lede

Djævel med sin regering, ja, og dertil både det verdslige og åndelige embedet. Kort sagt: Det skal blive en ende på alle ting på jorden, og så skal det begynde, som vi med alle helgener fra verdens begyndelse har ønsket og ventet. Gud skal selv alene være Herre og alene regere i os, sine børn, og derpå skal ingen ende være, som han selv forklarer sig, hvad han mener med enden, når han siger: Han skal tilintetgøre al magt og øvrighed og alene være alt i alle.

For det kommende livet skal ikke være sådan som det timelige, at der må være mand og hustru, børn, hus, hjem, tjenere og hvad mere, som hører til ægtestanden eller stammer deraf, som øvrighed, undersåtter med stand og embeder, som det er på jorden. Mand og hustru skal ganske vist blive efter deres natur og person, men ikke sådan, at de får børn, husholdning eller har bekymring for mad, drikke, klæder, osv. Alt dette sker i dette liv, til hvilket formål Gud har forordnet ægteskabet, at mand og kvinde må bo sammen og opfostre børn, regere land og folk osv. For hvor ægteskab er, må alt det andet også følge, da det har alt det med sig, som kræves for at regere verden. Men når det ikke skal være mere, så må også alt det andet ophøre.

Og da, siger Paulus, skal han, Herren Kristus, overgive riget til Gud og Faderen. Hvad er det? Siger Skriften ikke alle steder, at han skal være konge i evighed og at der ingen ende skal være på hans rige? Hvordan rimer det sig da, at han her siger, at han skal overgive riget og underordne sig Faderen samt lægge sin krone, scepter og alt i hans skød? Svar: Han taler om Kristi rige nu her på jorden, som er et troens rige, hvor han regerer gennem Ordet, ikke i synlig måde, men er, ligesom man ser solen gennem en sky, da man nok ser lyset, men ikke selv solen; men når skyerne er borte, da ser man både lys og sol sammen i ét eneste væsen. Sådan regerer Kristus også nu sammen med Faderen, og det er ét eneste rige, der er kun den forskel, at det nu er mørkt og skjult eller overskyet og tildækket, indfattet helt og holdent i troen og Ordet, så at man ikke ser mere deraf end dåben og nadveren eller hører mere derom end det ydre ord. Det er alt hans kraft og magt, hvorved han regerer og udretter alt.

Vi ville også gerne se, at han regerede som kejser eller konge med ydre pragt og vælde og besejrede de ugudelige. Men han vil ikke gøre det nu, men vil regere hemmeligt og usynligt i vort hjerte kun gennem Ordet og derigennem beskytte og opretholde os under vor svaghed imod verdens magt og vælde. Og sådan er alligevel samme rige her på jorden, som siden skal være i Himlen, undtagen, at det nu er overdækket og ikke for øjnene. Ligesom penge i en pung eller taske er rigtige penge og forbliver det, hvis jeg tager dem frem og holder dem i hånden, ud over det at de ikke længere er skjult. Sådan vil han fremlægge og for al verdens øjne fremvise den skat, som nu for os er overskyet, så at vi ikke véd mere deraf, end at vi kun hører og tror det. Dog har vi ikke desto mindre denne skat med vished. Ligesom en købmand, når han har brev og segl, er så sikker på sine penge, som havde han dem i pungen. Sådan sker alt her i troen gennem Ordet og sakramenterne, så at jeg uden tvivl tror, at vi er Guds børn og Herren Kristi rige og han er vor konge, som regerer og beskytter os imod alle vores fjender og hjælper ud af al nød, skønt vi ikke ser det, men erfarer modsætningen, idet synden trykker, Djævelen forskrækker og plager, døden dræber, verden forfølger, samt alt overvælder og undertrykker os. Men det hedder: Du skal ikke se, men tro, ikke fatte med dine fem sanser, men lukke dem til og kun høre, hvad Guds Ord siger, indtil den stund kommer, at Kristus skal gøre en ende derpå og åbenbart fremstille sig i sin majestæt og herrevælde. Da skal du se og erfare, det, du nu tror, nemlig at synden er udslettet og væk, døden ryddet af vejen og skaffet ud af syne, samt at Djævelen og verden ligger dig under fode. Og det skal hos Gud være et åbenlyst væsen og klart for øjnene ligesom en afsløret skat, som vi nu ønsker og venter.

Det mener Paulus, når han siger, at Kristus skal overgive riget til Gud og Faderen. Han skal sætte troen og det skjulte væsen til side og fremstille sine for Gud og Faderen og så åbenbart sætte os i det rige, som han har oprettet og nu dagligt håndhæver, at vi skal se ham som allerklarest uden dække og mørke ord. Og det skal kaldes ikke troens, men klarhedens og et åbenlyst væsens rige. Og selvom det er det samme rige, både Kristi (som derfor er blevet menneske, for at han skulle oprette troen på sig) og Guds; for *den som hører Kristus, hører Gud Fader selv*, så hedder det dog egentlig Herrens Kristi rige, når Gud nu er skjult i sin majestæt og har givet Kristus alt, at han gennem sit ord og dåb skal føre os til sig, dertil *skjult sig selv i Kristus,* så at vi ikke andetsteds end i ham skal søge og kende Gud. Men da skal det egentlig hedde Guds rige, da Kristus har udrettet alt, hvad han skal udrette, og ikke mere regerer i vor svaghed og modgang, men har afskaffet døden og synden og alt det, som strider imod Gud, samt ført os så langt, at vi ser ham tillige med Faderen i guddommelig majestæt og ikke mere skal behøve at drive hans evangelium, dåben og syndernes forladelse eller lære ham at kende eller videre ængstes for noget ondt. Da skal der hos os være idel Gud, evig retfærdighed, salighed og liv i et *nærværende synligt væsen.* Og han skal give os alt dette, så vi skal blive sådan, som han er.

Sådan udlægger og forklarer han det selv med de ord, som følger: "Når han har tilintetgjort al magt og myndighed og kraft." Det vil sige: Han skal gøre en ende på det alt sammen, både på det åndelige regimente, som han nu fører i verden, som er dåben, prædikestolen, nadveren, nøglerne eller afløsningen, som også på det verdslige med dets stand og embeder, som fader, moder, børn, tjenere, herrer, fyrster, bønder, borgere, da man ikke behøver det mere. For når Ordets og troens åndelige regimente skal ophøre, så må også kejserens og domstolenes sværd være borte og kun det ene blive tilbage, som skal hedde Guds. Han skal aldeles selv være prædikant, sjælesørger, fader, moder, herre og kejser; og alt hvad vi nu må tigge stykkevis, her af fader, der af kejser og fyrster eller i åndelige sager af lærere og prædikanter, det skal man få alt sammen på ét sted. For nu må man have mange slags folk, til at bibeholde dette liv. Faderen giver liv og næring; kejseren eller fyrsten giver fred og beskyttelse; skolelæreren giver kunst og lære osv., men dér skal man ikke behøve noget mere end at man har Ham. Så er det alt for hånden, som vi nu må søge hos mange og som erhverves og bibeholdes med stor besvær og arbejde.

Men han taler alligevel med forskel om disse to, nemlig om det åndelige og verdslige rige. For om det åndelige siger han ikke, at han skal tilintetgøre det, men at han skal overgive det til Gud, som skal blive dér. Men det verdslige, siger han, skal han afskaffe og tilintetgøre. For det er skikket ikke for de frommes, men for de ondes skyld, så man kan forhindre deres skurkestreger og forbrydelser, at de fromme må blive beskyttet for dem og have fred. Da de nu fået sin afsked, så må også det embede, som dertil hører, med sværd, fængsel og død lægges væk. Men det forbliver, at vi skal kunne prise os og sige: Jeg har elsket Gud og hans ord og er døbt og har været en kristen samt tjent min næste gennem kærligheden. Hvorimod de andre må sige: Nu er det aldeles ude med vort rige og vi har deraf ingen ting tilbage. For det er kun skikket for det timelige livets skyld og gælder eller hjælper ikke til Himlen; som det åndelige regimente er forordnet dertil, at vi skulle komme til det andet livet. Derfor skal dette timelige aldeles bortlægges og ikke mere være; men det åndelige skal forvandles til et bedre og mere fuldkomment væsen, så at vi skal have alt det evigt nærværende, som vi nu venter i troen.

Men han bruger tre forskellige ord, når han siger: "Al magt og myndighed og kraft." Dem må enhver adskille, som han vil. Jeg adskiller dem på den måde, at han dermed lader forstå de tre stykker, som hører til regeringen, for i enhver verdslig øvrighed må man have disse tre stykker. Det første og højeste kalder han magt, det er overherren, som kejseren i sit rige, en fyrste i sit land eller en borgmester i sin by, som hovedet, fra hvilket alle befalinger udgår. Den anden myndighed, det er de, som tage befaling af den højere regering og har myndighed til at befale videre, som embedsmænd og dommere. Det tredje kraft, er de som udfører befalinger, som fyrsters tjenere og bytjenerne i landsbyerne. For hvis både ret og straf skal have sin gang, så må man have folk dertil, som bruger hånden og udrette det. Men skal det udrettes, så må der også findes folk, som drive på og befaler det på embedets vegne. Men de, som skal drive på, må også have en højere befaling dertil og ikke gøre noget efter eget hoved. Hvor denne ordning er, går det ret til, når overherren forordner og byder, befalingsmænd befaler og driver på, tjenere udretter og handler. Sådan må det også gå til i en husholdning. Her skal manden være herre og befale sønnen eller datteren, hvad tjenestefolket skal udrette, så at befalingen går fra husbonden, som den øverste, gennem fruen eller børn og tjenestefolk. Disse er de tre stykker, som Paulus kalder magt og myndighed og kraft. De skal blive ophævet i alle stillinger og styrer, så hvidt verden går, den højeste med den laveste og mellemste, så at vi alle skal blive lige og der ingen forskel skal være mellem kejsere, konger, adel, borgere, bønder. Gud alene skal blive alt i alle.

Alt dette skal han gøre, siger Paulus, ikke vi eller sværmerne, som foregiver, at alt bør være lige nu og ingen over den anden. De vil afskaffe al øvrighed og fratage Kristus sit embede, som skal gøre det alene. Derfor må det forblive så længe, indtil han kommer. Ligesom de åndelige embeder, prædikestolen og dåben forbliver, ja, som sol og måne må forblive på himlen. Derfor skal ingen sætter sig derimod eller understå sig i at ændre dette. Han vil selv gøre det uden middel og sige til kejsere og fyrster: Vær ikke mere kejser, fyrste, fader, herre, frue; og intet menneske skal mere regere eller være rådende, men al verden Gud alene underdanig.

v25. For Kristus skal være konge, indtil Gud får lagt alle fjender under hans fødder.

Her turde nogen sige: Hvorfor har han ikke gjort dette straks efter sin opstandelse, da han allerede var blevet en Herre over alle ting, at han måtte lægge alt under sine føder? Paulus svar er dette: Det står i Skriften, at han skal regere gennem sin åndelige regering ved siden af den verdslige øvrighed og regering. Sl 110, 1: "Herren sagde til min herre: »Sæt dig ved min højre hånd, indtil jeg får lagt dine fjender som en skammel for dine fødder!«" Det er vor trøst og er sket os til gode, at han ikke straks, for tusind år siden slog fjenderne, men har haft tålmodighed med dem, så vi også måtte komme hertil. *For endnu er ikke alle født, som hører til hans rige.* Men han må regere, at han kan forsamle Guds børn, som Skriften siger andetsteds. Derfor må han først gøre sit rige helt fuldkomment, og vil ikke udrydde sine fjender, før han har ført alle derind, som skal ind. Siden skal han ophæve alt og samtidigt slå til på en gang. Imens lader han sit ord prædike og regerer kristenheden i åndelig måde gennem Ordet, sakramenterne, troen og Ånden, blandt sine fjender, som trykker og plager os, idet han opretholder og beskytter os imod dem med den visse trøst, at han på den dag skal lægge dem helt under sine føder, skønt han allerede er begyndt dermed og gør det dagligt. For gennem evangeliet og kristenheden slår han sværmerne på åndelig måde, driver Djævelen tilbage, styrter tyrannerne fra magten, dæmper verdens stormen og rasen, fratager synden og døden deres kraft og magt. Dette er hans værk, som han bedriver og hvormed han omgås indtil den yderste dag. Nu gør han det blot stykkevis og enhver for sig, men da skal han slå bunden af fadet på en gang og gøre en ende på alt sammen.

Så ser vi nu, hvorfor han fra kristenhedens begyndelse hidtil har holdt hus i verden, gjort land og folk evangeliet underdanigt samt ødelagt og omstyrtet alle dem, som har sat sig derimod. Her har hanbortrykket en konge, der forjaget en tyran. Som han også nu, som vi kan huske, allerede på dem ofte og vældigt har bevist sin magt og end tydeligere vil gøre. For derfor begynder han her at hjemsøge dem, så han aldeles må rydde dem af vej. For de har også den beklagelige fejl, at uagtet at Gud har givet dem herrevælde og magt at råde over liv og ejendom, at de skulle tvinge og straffe de onde, ulydige og genstridige samt holde fred og beskyttelse ved magt for de fromme, så angriber de Gud selv og misbruger dertil det embede, som er blevet dem betroet, idet de plager og forfølger de fromme kristne og ikke vil høre eller tåle evangeliet, men beskylder det for at udrette oprør og ødelæggelse af land og folk, som vel også sker. Men hvis er skylden? Ingens ud over deres egen, når de ikke vil udrette det embede, som er blevet dem betroet af Gud og pålagt til at straffe de onde, men i stedet understår sig i, at straffe Guds børn og være fjender og oprørske imod ham selv.

Og det hænder dem med rette, at de løber imod og bliver styrtet i sin egen magt. Ligesom Gud i Kristus styrter døden og Djævelen, som også havde magt til at fange og binde synderne i sit net. Men når de også ville slå nettet over Kristus og tænkte: Jeg har opslugt så mange af dem inden, jeg vil også opsluge denne, da stødte de imod og brændte sig. For han var ikke den vildfugl, som hørte til deres garn, og det var dem forbudt at angribe ham. Derfor er han faret igennem og sønderrevet nettet, så at det ikke mere kan holde nogen kristen. "For han kunne umuligt holdes fast af døden", siger Peter i ApG 2, 24. Sådan er det også umuligt, at han eller de, som tilhører ham, skulle lade sig gribe af verden, selv om de kaster nettet over dem og har i sinde at dræbe dem. Men han skynder sig og bryder igennem deres magt og vælde samt alt som vil fastholde dem og gør deraf et sønderrevet og ødelagt net, for han vil være ufanget af alle og ikke lade sig holde tilbage. Tyve og skælme skal verden fange og fastholde med sit net; men går den videre og vil fange ham selv, så farer han igennem som gennem et dværgnet og river det i stykker, så at intet mere bliver tilbage af det, som han først har gjort med jøderne, så at de ikke har beholdt hverken land eller by, og er så sønderrevet, at de ikke skulle kunne fange en ræv, ja, end ikke en hund. For de ville ikke lade sig nøje med det vælde, som Gud havde givet dem over de onde, men angreb de fromme, slap Barabbas løs samt ville fange og dræbe Guds Søn selv.

Sådan gik det også både med romerne og grækerne, som heller ikke ville blive ved deres betroede embede, men greb og dræbte de kristne, selv om de ellers lod al afgudsdyrkelse og ondskab være ustraffet. Derfor rev han nettet i stykker for dem, så at det fordærvedes og blev til intet gennem gother, vender og muslimer. Sådan skal det også gå os, når vores herrer og fyrster, deres embede til trods, raser imod Guds Ord samt forfølger, forjager og myrder de kristne, som havde de ellers intet at gøre, ud over at de måtte bevise sin vælde og magt imod Gud, skønt de i øvrigt tåler al ondskab og lader dette have fremgang. Derfor skal han også sige til dem: Du burde have fanget slyngler og skurke og straks straffet dem og udrettet dit embede. Men i stedet løber du af sted med dit gale hoved og vil fange mit ord, som stadfæster dit embede og gør mennesker fromme, og du råber fjendtligt, at det udretter tvedragt og oprør, selv om du selv raser mod Gud og lever allermest skændigt. Fordi du vil have det sådan, så skal du også få oprør og strid nok, så at du ikke skal beholde noget regimente eller land, som ikke er ødelagt.

Og det har han allerede begyndt for evangeliets skyld. Hvordan er ikke Ungarn på få år og nu Østrig blevet ødelagt og fordærvet både gennem ven og fjende, som hverken de eller nogen anden kunne gætte? Og hvordan står det nu til i Tyskland? Det véd ingen, hvad som bliver af det. For de råber selv på det med al flid, så at de jo ærligt har fortjent det. De raser imod Guds Ord og den erkende sandhed, så at Gud ikke længere kan tåle det, og som jeg frygter, nu snart vil holde hus og *gennem sine hunde sønderrive nettet*, at hverken fod eller hoved bliver tilbage. For han har nu hidtil omstyrtet så mange områder og byer, som var store og stærke, ja, sønderrevet og efter hinanden ødelagt de fire store kejserdømmer i verden, som Daniel taler om i kap. 7, at der nu ikke er mere end rester tilbage, så at han snart kan ødelægge det sidste og mindst stykke. Ud over det at han allerede har ødelagt nogen områder for sig og stykkevis efter hinanden og endnu ødelægger og bekæmper vores fjender. Så man ikke skal mene, at han er død eller kraftløs, som havde vi ingen Herre, som kunne hjælpe os. Derfor nedriver og omstyrter han det stykke for stykke, til det falder aldeles sammen. Da først skal det blive åbenlyst, hvis skyld det er, at verdslig øvrighed og regering går under, nemlig at det ikke er evangeliets skyld, men at dette kommer af vor store utaknemlighed og af vor foragt mod Guds Ord og nåde, idet vi ikke vil have ham til Herre. Og når vi nu ikke vil hører hverken advarsel eller trussel, så vil han heller ikke høre, når vi klager og råber.

v26-27. Som den sidste fjende tilintetgøres døden, for »alt har han lagt under hans fødder«.

Dette er en ganske særlig opløftende tekst og en trøsterig forklaring, idet han kalder døden Kristi sidste fjende. Sådan havde jeg ikke kunnet udlægge denne tekst, at ordet fjende burde tolkes i en så vidstrakt betydning, som han her tolker det, så at også døden dermed forstås, for ellers lyder ordene ved første øjekast som gældende jøder og hedninger, som plager de kristne på jorden. Men Paulus laver et smukt maleri, som en ret maler og billedskærer, og maler døden, som man bør male den og tager den med under dette ord i Salme 110, 1: ”Indtil jeg får lagt dine fjender som en skammel for dine fødder!” Så vi må lære at se og kende vor Herre som dødens fjende, hvis rige går ud på, at han skal kæmpe med døden og lægge den under sig, indtil han til sidst tilintetgør den. Sådan hører jeg ham gerne afbildes i prædikenerne, at han ikke er en sådan mand, som har lyst at vredes og straffe og behandle mennesker ubarmhjertigt, men at han derfor er en konge og har til det formål indtaget sit kongerige, at han med al magt må sætter sig imod denne fjende, til det han også lægger ham under sine føder. Derfor bør man rimeligvis skrive dette ord med gyldne bogstaver og altid stille foran de kristne.

92

Bemærk, at Kristus hedder en dødens fjende og omvendt døden Kristi fjende. Og som han tilintetgør sine andre små fjender på jorden den ene efter den anden, som allerede sagt, så skal han også gøre det af med denne store fjende.

For han har også i gerning bevist dette fjendskab, da han i egen person nedtrampede døden, så den ikke mere formår noget imod ham. Og som han har nedtrampet og overvundet døden for sin egen person, sådan vil han også overvinde den og aldeles tilintetgøre den for hele sit rige, så at den må ligger alle til fode, sønderrevet og knust til støv, så at man ikke længere kan se noget mærke efter den. Dette hedder ret at afmåle og herligt prise Kristi rige samt vældigt udlægge Skriften, når det siges, at han sidder ved Faderens højre hånd og at han skal stride med døden og nedtrampe den for hele kristenheden, som han allerede til fulde har gjort for sin egen person, men ikke med os. Det begyndes nu og fortsættes dagligt til den yderste dag, som allerede sagt, så at en kristen allerede er ude af døden mere end halvvejs. *For en kristens liv på jorden er intet andet end en død.* Så snart han er døbt, sænkes han i døden, som Paulus siger i Rom 6, 3, og alle de, som modtager Kristus, er allerede ofret og dømt til døden, som de, der allerede er døde og venter på, at de skal opstå. Og de skal lære at se på sin stand og væsen imod verdens levevis, som ikke er andet end en færd til døden, ja, ligesom deres, som løber baglæns til graven. For de lever i sus og dus og agter ikke døden, indtil de pludseligt falder i den.

Men en kristen er just derved, at han er blevet en kristen, sænket i døden, og han bærer på den hver stund, hvor som helst han går og står, samt må vente den hvert øjeblik, så længe han lever her, hvor Djævelen, verden og hans eget kød ikke under ham nogen ro. Dog har han imod dette den fordel, at han allerede er ude af graven med det højre ben og har en vældig hjælp, som rækker ham hånden, nemlig hans Herre Kristus, som for længe siden er kommet aldeles derfra. Denne griber ham ved hånden og har rykket ham derfra mere end halvvejs, så at kun den venstre fod er tilbage. For synden er ham allerede forladt og udslettet, Guds vrede og Helvede udslukt, og han lever allerede i og hos Kristus, når det gælder den bedste del (som er sjælen), delagtig i det evige liv. Derfor kan døden ikke mere holde ham tilbage eller gøre ham noget, på nær den del, som endnu står tilbage, nemlig at den gamle hud, kød og blod må forrådne, så at den også må blive ny og kan følge sjælen. Ellers er vi allerede aldeles kommet igennem til livet, da Kristus og min sjæl ikke mere er i døden.

Af en sådan trøst og berømmelse véd verden intet, selv om de berømmer sig og pukker på, at de har mange penge og ejendele, stor ære, venskab og vælde. Men nævn mig én, som med alt dette kan værge sig mod dødens angst eller arbejde sig ud af det! Ingen har jo endnu været, som har taget en tråd eller et hår eller en vanddråbe med sig. Der må de ligger, kan ikke hjælpe sig selv med en åndedrag, bliver til evig tid liggende der i ulidelig stank, hvis man ikke begravede dem i jorden. Og ingen orm er så afmægtig, at den ikke er dem overmægtig og opæder kroppen. Ingen konge er nogensinde blevet så rig og mægtig, at han af hele sin kongekrone og magt har fået en halvøres værdi med sig. De må slippe alt og lade sig nedsænke helt blottet i graven.

Men vi, skønt nogle ikke er kommet med Kristus fra døden og graven til livet, vi har dog en mand, som har taget alt med sig fra døden og ikke efterladt det mindste hår. Derved har han draget alle ting til sig, som han selv siger, og gjort dem sig underdanig, så at også vi i og gennem ham må komme ud og også drage alt efter os, hvad vi her slipper. Deraf kan vi berømme os

94

og pukke på, hele verden til fortræd, skønt de gør løjer og bedrageri af troen og kristendommen og stoler på, at de nu har nok penge og ejendele og lever, som de vil, i gerrighed og alle slags lyster. Men det hedder: Skrab, vær grisk og saml; lad os se, hvem som beholder mest. Om du end har penge og ejendele, vælde og alt hvad du ønsker, så tager du ikke en eneste krone med dig. Men jeg skal vise dig en Herre, som ikke slippet en grand tilbage efter sig i døden, men taget alt sammen med sig og rækker mig hånden, at også jeg kan hive mig fra den. Vis mig en sådan mand i hele verden, som nogen sinde har taget en tråd med sig eller ført den ud af døden! Hvad hjælper dig da dit råberi og pukken på en så unyttig ting, som du ikke råder over et øjeblik, når døden indfinder sig, som ville du have det til evig tid eller tage alt med dig.

Se, sådan lærer han os at pukke mod døden i troen på Kristus som dødens mægtige fjende, som helt vil afskaffe den og aldeles udrydde den, som døden også fortjener at opsluges af ham, eftersom den uden årsag løb på ham og angreb ham. Men den har løbet sådan på ham, at dens mund og mave er blevet sønderrevet, og den må betale og give alle dem fra sig, som den har slugt. Dette tjener nu, som jeg begyndte med sige, til trøst imod daglig anfægtelse, så man lærer ret at beskue og forestille sig Kristus og ikke forskrækkes af sådanne billeder og tanker, som indgives af Djævelen, som vil gøre os bedrøvede og sorgfulde, men lærer at slutte, at dette ikke er Kristus, som den forsagte samvittighed er bange for og tænker på, men at det er Kristi fjende, den lede død og Djævel. For her ser du, at Kristus derfor er konge, at han helt vil gøre det slut på døden som sin fjende. derfor må heraf visselig følge, at hvad som med hensyn til døden overgår mig, det overgår mig fra Herrens Kristi fjende, og det smerter ham højt, ja, mere end mig selv, for døden hedder ikke først og fremmest min, men Kristi, min Herres, fjende. Men når jeg tror på Kristus, så tager han sig af mig imod en sådan fjende, så at hvad, den gør mig, det må den have gjort mod ham selv; og han vil hævne mig på døden som på sin fjende. Og som han har overvundet døden for sin egen person, at den ikke mere tør lugte til og smage på ham, sådan vil han også gennem mig og alle kristne gøre en ende på den med alt, at den også i min krop må blive sønderrevet og blive til intet.

Derfor behøver du ikke ængstes, at Kristus vil forskrække eller gøre dig bedrøvet, som havde han lyst at kvæle eller dræbe dig, men når han er døden så fjendsk, så vil han heller ikke have nogen forskrækkelse eller frygt, men hader alt det, som vil bedrøve og forskrække os. Dette er den trøst, som vi kristne har i vor kære Herre, men som verden ikke har, som stoler på det, som den ejer, skønt den ingenting kan tage med sig og skønt den selv og alt, hvad den formår, er i dødens vold og må lade det ligge til døden. Men os skal den ikke fratage alt. *Om døden også tager meget fra os, så tager den det, vi har på jorden og beholder denne krop nogen tid i sit herberg, men sjælen må den slippe og hvad vi har i Kristus, dertil også give os kroppen igen med alt det, som er evigt.*

Men hvorfor kalder han døden den sidste fjende, eller hvad havde han for andre fjender? Som vi derom helt jævnt plejer at sige, så er disse tre Kristi og vores fjender: *Verden, kødet og Djævelen,* som vi føler og forstår. Kødeligt sind er fjendskab imod Gud, siger Paulus i Rom 8, 7. Derfor skal Gud også gøre det til intet med dets gerrighed og bekymring, som han siger i 1 Kor 6, 13. Så er det også sikkert, at Gud skal ødelægge verden og allerede har gjort en ild klar, i hvilken den skal opbrænde og smelte, 2 Pet 3, 10. Ligeledes har han også allerede fordømt

Djævelen og erklæret ham skyldig til den evige ild i Helvede; for han er hans argeste og værste fjende, som forårsager al jammer og plage imod hans rige med løgn og mord, som også med forskrækkelse, fortvivlelse og vantro. Disse tre fjender har han. De kæmper og fægter alle sammen imod ham, men han strider imod dem og retter hele sit rige alene imod dem. Kødet og dets lyster holder han bremset med sit ord, sine sakramenter og sin Ånd. Ligeledes hindrer han Djævelen derigennem samt hans giftige indskydelser og alle slags anfægtelser, dertil også verden med dens rasen.

Men over disse er endnu andre større fjender, nemlig loven, synden og døden, gennem hvilke de kristne plages hårdest, uden hvilke de tre andre ikke skulle formå noget. For hvis synd og død ikke var, så måtte både verden samt kødet og Djævelen slippe mig med fred; men de er de rette fjender, som ligger hårdest på os, og gennem hvilke de andre trykker og trænger os. Syndens kraft er loven og loven fremkalder vrede, siger Paulus (1 Kor 15, 56; Rom 4, 15). Han kalder loven et gældsbevis med alle dets bestemmelser imod os (Kol 2, 14). Og Moses kalder han en dødens tjener og prædikant og hans lov for en syndens lov, som intet andet gør end åbenbare, hvor onde mennesker, verden, kødet og Djævelen er (2 Kor 3). Ellers vidste vi intet derom, som Paulus siger i Rom 4, 15: "Hvor der ingen lov er, er der heller ingen overtrædelse." Men når synden er åbenbaret, da gør loven den stor og svær. Og hvor synden bliver kendt, bringer den straks døden med sig.

Disse er de rette fjender, som han her nævner og anfører af denne tekst: "Indtil jeg får lagt dine fjender som en skammel for dine fødder!" Men døden kaldes den sidste fjende, fordi alle de øvrige driver til den; og om vi end er dem alle kvit, så bliver den alligevel tilbage og holder os fanget. For når mennesker lader sig begrave, så må kød og blod ophører med sine lyster og kan ikke mere anfægter os. For man ser ingen horkarl eller gerrig løber omkring mere, efter at han er død. Heller ikke kan verden anfægter os eller en eneste falsk lære eller partiånd, ja, heller ikke Djævelen selv. Ligeledes må loven tillige med synden lade os i fred. Kort sagt: Alle disse fjender afskaffer Kristus i eller med dette liv samt trøster og opretholder os gennem sit ord imod verden og Djævelen, også gennem syndernes forladelse imod loven og Guds vrede så længe, til vi må herfra. Så kan disse fjender ikke angribe os længere end her på jorden, og de må dermed ophøre. Men døden forbliver efter alle og beholder os i sin vold, så at vi evigt skulle forblive fanget og ikke kunne komme ud. Men imod dette er det vor trøst, at vi tror, vi har en Herre, som kan og dertil vil afskaffe denne fjende, sønderrive dens reb og bånd og desuden dræbe og borttage den. Og vi skal ikke tvivle på, at som han nu bekæmper og svækker vores andre fjender, så kødet, Djævelen og verden, synden og loven ikke kan være os overmægtige, sådan vil han også løse os og befri os fra den sidste fjende, ellers havde han intet udrettet og alt det andet var forgæves.

Så lær nu ret at forstå dette ord og gør dig vel nytte deraf til troens trøst og styrke, så at du véd at vise *alle disse seks fjender* fra dig og sende dem til Kristus, da de jo først og fremmest hedder og er ikke vores, men Kristi fjender. For de angriber ikke egentlig vort væsen, da vi af naturen og ud over Kristus er kødet, verden og Djævelen underdanige og lydige. Vi agter hverken synd, lov eller død, da vi er aldeles under deres fane. Men alle er de Kristi fjender og han er også vred på dem. Han er deres mål og ham sætter de sig imod med al magt, og for hans skyld er de også vrede på os, da vi holder os til ham. Og når de intet formår imod hans person, så angriber de os, idet de tænker at svække og ødelægge hans rige på denne måde.

Når vi nu må undgælde for hans skyld, så må han i stedet beskytte os som sine lemmer og hævne sig på sine fjender, så at alt går ud på at han skal stride imod disse fjender og stå forrest i spidsen. Nu har han undsluppet kødet og faret alt for højt for Djævelen og verden, så at de aldrig kan fange og dræbe eller skade ham. Loven tillige med synden og døden har også forskrækket ham, men nu må de ligger ved hans fødder dømt og fordømt. Og nu regerer han i troen samt slår og dræber disse fjender i os uden ophør indtil den dag, da vi skal se, hvordan han så aldeles skal gøre en ende på døden, at man ikke mere skal mærke den og intet andet tænke, end at der ingen død har været til. Ligesom vi nu skal lever i troen, som var der ingen synd, ingen lov, intet kød og blod, ingen verden, ingen djævel til som kunne skade os, når vi har Kristus; men vi bør have en god og frimodig samvittighed, visse på, at intet skal eller kan overvinde os, selv om de fjendtligt angriber, forskrækker og trykker os, men at vor Herre Kristus har vundet og beholdt sejren i os.

Og ligesom han allerede for sin egen person har slået de andre fjender til døde og i os svækker og daglig slår dem, så at de ikke kan vinde, sådan begynder han også her at svække døden i os, så at den på os intet mere vinder, undtagen at den borttager rallet og kun halvdelen.

Dette er hans værk og regering, som han stedse udfører, hvorfor han også er sat ved Guds højre hånd, som ordet i Salmen siger. Og det er de kristnes højeste kunst og vished, at de véd, hvad vi har af ham, og lærer at forstå vor herlighed, som Gud giver os i Kristus, samt holder denne skat i højt og dyr værdi og derimod foragter verdens berømmelse og pragt af penge og ejendele, ære, vælde osv., hvormed den vil fortrylle vores øjne, som om det var en kostelig ting, for at vi skal tabe vor skat af sigte og miste den. Men i stedet for bør vi være kloge samt gøre vores øjne helt klare, at vi må erkende og højt agte, ikke kun skatten, men også øjnene og forstanden, så at vi véd, hvad Gud har givet os, som Paulus siger i 1 Kor 2, 9-12, nemlig sådanne gaver, som er større og herligere end himmel og jord.

For hvad kan man tænke eller ønske højere eller herligere end at være en herre, ikke over en by eller et land eller et kongerige, men over alle vores fjender, kød og blod, verden og djævel, hvilket dog ingen kejsere eller konge på jorden formår? For der er ingen, som kan værge sig for en ond tanke eller hjælpe så meget, at verden med sit fjendskab, vælde og magt ikke kan skade. Ja, om vi end havde hele verden med sin magt for og hos os, hvad kunne den hjælpe os til at afværge, modstå eller overvinde en eneste fristelse? Men en kristen alene er en sådan mand, som imod Djævelen og alle hans engle er mægtig nok kun derved, at han i troen holder sig til Kristus. Dette er jo en skat, med hvilken ingen ting i Himlen eller på jorden kan sammenlignes; hvorimod hele verden med sine evner ikke er værd at nævne. Derfor skal vi jo ikke holde sådanne gaver i Kristus for så ringe, som verden agter dem, som anser Kristus for en nytteløs person, som sidder deroppe og intet udretter hos os. De anser os kristne for usle, svage, kraftløse, elendige mennesker. Men som denne tekst lærer os, burde vi vide, at vi med ham er herrer over alt det, som kød, verden, synd og djævel formå, og dertil halvvejs over døden. Et sådant hovmod og trods viser vi for hele verden, at vi kristne er større og ypperligere end alle skabning, ikke i eller af os selv, men igennem den gave, som af Gud er skænket os i Kristus, imod hvilken hele verden intet er og formår, da den af alle sine kongeriger og fyrstendømmer intet andet har end sådanne skatte, som de må efterlade og som skal forgå med dem.

Se, sådan kan Paulus prædike, prise og glæde sig over Herren Kristus, at vi må se, hvad han gør, hvad hans embede og regimente over os er, hvormed han omgås, at vi skal blive delagtige i hans herrevælde og sejre over disse store fjender. For han kalder og holder dem for sine fjender, ikke for sin, men for vor skyld og tager del i det, som overgår os, som hænder det ham selv, som han siger hos profeten Zakarias 2, 12: "Den, der rører jer, rører ved mit øjeæble"; det vil sige, den som er jeres fjende, skal også være hans fjende. Men er de fjender, så skal han nok frelse os og udrydde vores fjender, for han er mægtig nok dertil. Så er hans rige intet andet end kun hjælp imod vores synder, loven og samvittigheden, kød og blod, verden, djævelen og især imod døden. *Og han hedder en Herre, ikke som den vi må tjene eller som vil tage noget af os, men han vil alene tjene os samt stride for os og værge os sådan, at ingen fjende må kunne skade os.*

Dette er den tekst, af hvilken Paulus fremtager og viser et argument til stadfæstelse af artiklen om de dødes opstandelse. For når også døden hedder en Kristi fjende og den sidste, så må Kristus aldeles borttage døden og gøre dem levende igen, som er opslugt af døden. Årsagen er, som han her har sagt og endnu en gang gentager fra Salme 8, 7: "Alt har du lagt under hans fødder". Er nu alt lagt under hans fødder, så må også døden visselig ligger under hans fødder, ikke kun for hans person, men også for hele hans kristenhed, for hvis skyld han er sat ved Guds højre hånd, at den skal være hans rige. Og han har gjort alt dette, siger han, ikke af sig selv, men det er Gud Faders værk og vilje, fremstillet os til trøst, at man derpå må *se hans faderlige hjerte og nådige vilje*, da han ikke kun byder og befaler, at alt skal være ham underdanigt, men også selv lægger alt under hans fødder.

For når han lægger både synden og døden som hans fjender under hans fødder og gør dem til hans fodskammel, så er det sikkert, at det behager ham vel, at synden og døden skal bortskaffes og at han ikke tænker dræbe eller fordømme os, skønt vi er syndere og har fortjent døden, men at han er sådan sindet som Kristus og vil borttage og udslette synden og døden, så vi må komme til den evige retfærdighed og livet; for derfor har han indsat Kristus i sit rige. *Altså afbildes ikke kun Sønnen*, Kristus, som jeg allerede har givet til kende, men *også Faderen på det sødeste og venligste*, som et hjerte skulle ønske sig ham, så at vi *ikke mere skal anse ham som en streng og vred dommer,* som Djævelen og vor modløse samvittighed altid forestiller os ham, men som en *venlig Fader*, som vil hjælpe os fra alle disse fjender og passe på os, som var de hans egne fjender, og som derfor sætter sin Søn ved sin højre hånd efter hans lidelse og død og lægger alt under hans fødder.

Derfor behøver du slet ikke flygte eller forskrækkes for ham, hvis du tror på Kristus. For her hører og ser du, at han *intet andet hjerte og sind og tanker har* end at frelse dig fra alt det, som anfægter og trykker dig, samt sætter dig med Kristus over alt. Men den, som ikke har en sådan tro på Kristus, kan aldrig fatte disse tanker, men må plage og kvæle sig til døde med egne gerninger, hvormed han tænker at forsone Gud. For synden og døden bliver liggende på hans hjerte som en stor møllesten, så at han ikke kan rejse sig, men må blive derunder, så at han ikke kender andet end Guds vrede, så længe han omgås med gerninger, og han kan ikke i al sin livstid fatte nogen glad tanke. Heller ikke kan nogen råde eller hjælpe ham, men han må helt fortvivle og af en sådan utålelig byrde trykkes til døde.

Sådan er alle de til sinds, som vil tjene Gud og handle med ham med gerninger, som muslimer, papister, munke og andre

102

falske helgener, som ikke kan anse Gud for andet end for en streng dommer, som intet mere gør end at kræve af dem og uden ophør truer med at straffe. For de véd intet af evangeliet, som fremholder os Kristus og lærer, hvordan Faderen selv har stillet ham frem for os samt givet os ham som en midler – og dertil sat ham ved sin højre hånd – at han skal borttage al vrede, synd og død. Derfor må de i hele deres livstid blive tynget med deres onde samvittigheds møllesten, så at deres hjerte aldrig kan rejse sig eller fatte en god tanke til Gud. Og jo mere de kvæler og plager sig for at hjælpe sig selv, desto værre handler de. For de vil gøre sig selv til Kristus og fortørner kun Gud mere, når de kommer frem for ham uden midler. Men enhver som tror og kender Kristus som den mand, som sidder deroppe og råder over synden og døden, han kan blive møllestenen kvit fra sit hjerte. For han véd, at Gud ikke mere vredes for hans synders skyld eller fordømmer ham, men at Gud har sat Kristus ved sin side sig til at udslukke og udrydde dem som Guds fjender. Og han *ser intet andet end ren og skær nåde og liv vælde op af fader-hjertet uden ophør.* Lad derfor denne tekst være dig anbefalet, så at du lærer Herrens Kristi rige godt at kende, og vent dig alt godt af Gud Fader, for han ser dig venligt an og med idel nåde, når han skaffer dette i Kristus og *fremholder det for alle* gennem Ordet.

v27b-28. Når det hedder, at alt er underlagt, er det klart, at undtaget er Gud, der har lagt alt under ham. Og når så alt er underlagt ham, skal også Sønnen selv underlægge sig under ham, som har lagt alt under ham, for at Gud kan være alt i alle.

Nu kommer han atter tilbage og afslutter det som han har sagt, nemlig at Kristus skal overgive riget til Gud og Faderen, så det skal blive helt anderledes: af troen en klar skuen, af Ordet et væsen, af den mørke forstand en lys og klart lysende sol. Da skal vi se alle vores fjender, både dem vi her har på jorden og dertil døden, aldeles afskaffet og udryddet. Og han sigter altid derpå, at Faderen har gjort Kristus alt underdanigt, hvoraf han slutter, at den sandelig er undtaget, som har undergivet ham alt, og at Sønnen, efter at han har undergivet ham alt, også selv skal blive ham undergivet. Disse ord synes at være helt mørke; men som jeg har sagt, så går hele talen ud på, at *Paulus mellem Guds og Kristi rige gør en forskel, skønt det dog i sig selv er det samme rige.* Men derfor hedder det nu Kristi rige, fordi vi her lever i troen og ikke i legemligt skuen eller hørelse, som når man ser en verdslig konge for øjnene i sit rige med sin kongelige krone samt store og herlige pragt; for det er ikke endnu åbenbar, hvad vi har i ham samt igennem evangeliet, sakramenterne og troen skal få.

Men siden skal det kaldes Guds rige, da det ikke mere skal være skjult, men blive åbenbart for alle skabning, og da skal troen ophøre. Dette kalder han at overgiver Faderen riget, det vil sige, fremstille os og hele sin kristenhed åbenlyst for Faderen i evig klarhed og herlighed, så at han skal regere selv uden alt dække. Men ikke desto mindre skal Kristus forblive i sit herredømme og majestæt, for han er den samme Gud og Herre, evig og almægtig med Faderen. Men når han nu regerer sådan gennem sit ord og sine sakramenter, at verden ikke ser det, så kaldes det Kristi rige og må alt sammen være ham underdanigt, dog ham undtaget, som har undergivet ham alt, til den yderste dag, da han skal afskaffe alt sammen, og da først med hele sit rige undergive sig Faderen og sige til ham: Jeg har hidtil regeret med dig i troen, nu overgiver jeg riget til dig, at de nu må se, hvordan jeg er i dig og du i mig tillige med Helligånden i en guddommelig majestæt, samt at de i dig åbenlyst må have og nyde alt, hvad de hidtil har troet og ventet.

Da først, siger han, skal Gud være alt i alle. Det vil sige, enhver skal i Gud have det, som han nu har i alle andre ting; så at når han åbenbarer sig, skal vi alle have nok til sjæl og krop og ikke mere behøve mange slags, som vi nu må har på jorden til dette livs nødtørft, som fader, moder, mad og drik, hus og hjem, tøj og føde og dertil fyrster og herrer, som beskytter og skaffe os fred, desuden i det åndelige regimentet lærere og prædikanter, som lærer og uddeler sakramenterne, trøster i nød og giver råd om samvittigheden, også sol og måne, luft, ild og vand for hele verden. Og hvem kan opregne alt, som et menneske må have her på jorden kun for livets nødtørft? Men dér skal alt sammen have en ende og intet mere deraf gælde. Vi skal i Gud have så meget, at ingen mad eller drik er så kostelig eller kan nære og due til at drikke som et eneste syn af Gud selv. *Du skal altid være stærk og frisk, ved godt helbred og glad* og dertil klarere og skønnere end sol og måne. Alle de klæder eller gyldne smykker, som en konge eller kejsere bærer, skal være idel skarn imod os, i det øjeblik da *vi gennemstråles af Guds åsyn.* Så skal vi heller ikke behøve nogen skytsherre eller en eneste øvrighed, penge eller ejendele, hus eller hjem eller andre legemlige gaver, men vi skal i ham have alt nok. Også alle åndelige gaver, evig retfærdighed, samvittighedstrøst og glæde, så at ingen mere skal skræmme, forvilde eller gøre os urolige. Kort sagt: Det, som vi nu må tage hos alle skabning enkeltvis og stykkevis her og der, også det kommer at blive givet af ham. Det skal vi have umiddelbart i ham alene uden al brist og ophør.

Men det forstår verden og grove mennesker ikke, som er nedsænket i dette livs tanker og mener, at maven må have sin mad og drikke og kroppen sin nødtørft, hvis den skal leve. De kan ikke begribe, at Gud kun med sit væsens åsyn bedre kan nære end alt brød og al spise på jorden, hvorved han også nu giver og opretholder livet og forvandler det i kød og blod, i marv og ben. Kan han nu gøre dette gennem brød og drikke, som dog selv ikke har liv, skulle han da ikke meget mere kunne gøre det gennem sig selv som al skabnings skaber og Herre? Hvad skulle nu al spise og alt livsophold gøre, hvis han ikke gennem sit ord opretholdte os, som Kristus efter 5 Mos 8, 3 siger (Matt 4, 4). For om intet mere bidrog dertil i menneskers krop end føden, så skulle man ikke længere udholde eller blive ved liv. Kroppen må forud lever, være frisk og stærk, have varme og kraft til at fordøje maden, ellers skulle intet hjælpe, om man end hele tiden fyldte den med brød og hældte al drikkelse i den. Det ser man, når et menneske er syg og ikke kan optage maden, ja, på alle mennesker, som dør. Ellers skulle de rige og store herrer samle så meget brød, at de skulle lever evigt og ingen få noget frem for dem.

Da vi nu her ser for øjnene, at legemlig mad og drikke intet gør, om ikke Gud giver det, hvad skal da blive dér, når Gud selv åbenbarer sig? Da skal vi ikke se brød eller vin, ikke behøve eller ønske apotek eller lægedom, men have nok alene fra det blik og den skuen, som *skal gøre hele kroppen så skøn, frisk og sund, ja, så let og smidig, at vi skal flyve som en gnist, ja, som solen løber på Himlen, og i et øjeblik være her nede på jorden eller oppe i Himlen.* Jeg tror, at alt skal blive meget skønnere, som vand, træ og græs og *en helt ny jord,* som Peter siger, 2 Pet 3,

13, så at det skal være en lyst at se derpå. Men at opretholde sjæl og krop, skal Gud selv gøre. Han skal være alt i alle, og hans åsyn skal give mere liv, glæde og lyst end alle skabninger formår, så at du må sige: Jeg vil ikke give ét øjeblik i Himlen bort for al verdens goder og glæder, om det end rakte i tusindvis af år.

Derfor skal også prædike eller lærerembedet, som sagt, ophøre, dertil fyrster og verdsligt herredømme og regimente, med ét ord, intet embede og stand være mere. Personerne, som mand og hustru, ligesom hele menneskeslægten skal forblive, som de er skabt. Men ingen af de fornødenheder, som hører til dette liv, skal findes mere, men enhver skal være et fuldkomment menneske og for sig selv have alt i Gud, så at man ikke skal behøve nogen fader, moder, herre, tjenere, spise, tøj, hus, osv.

Tænk nu selv i dit hjerte, hvad du vil have eller kan ønske! Vil du gerne have penge og ejendele, mad og drik, langt liv, en sund krop, skønt tøj, en skøn bolig, evig lyst og glæde og dertil fuldkommen visdom og forstand om alting, herredømme og ære, så se kun hid, hvor du skal få alt nok. Han vil klæde dig skønnere end nogen kejser kan være klædt, ja, skønnere end solen og alle ædelsten. Vil du være en herre, så vil han give dig mere end du kan ønske. Vil du se skarpt og hører gennem vægge og murer og være så let, at du i ét nu kan være, hvor du vil, her nede på jorden eller oppe i skyen, det skal også ske. Og hvad du mere kan optænke, som du vil have til krop og sjæl, det skal du have alt sammen rigeligt, når du har ham.

For han behøver hverken brød eller vin, tjenere eller tjenerinder, hus eller hjem, tøj eller guld eller sølv, fyrster eller prædikanter, men har i sig selv evigt nok; for han lever i og gennem sig selv. Hvorfor skulle han da ikke også gøre det i os, at vi i og gennem ham alene kan have alt og lige så lidt behøve skabningen, som han behøver nogen. Og som han, når han ser på skabningen, har sin lyst, glæde og velbehag i og af dem, sådan skal vi heller ikke mere behøve skabningen, men blot have vor glæde af dem som en skueret, når vi ser på den skønne, nye himmel og jord samt derigennem lover og elsker Gud. Men i ham selv skal vi have al nødtørft og fornøjelse.

Men dette er kun prædiket for de kristne, som skal tro det og vente et bedre liv, som skal komme. Den anden flok og gale pøbel tror alligevel intet deraf. For når de foragter Guds Ord, så de ikke tager imod det og Gud straffer dem sådan, at de lever i galskab og blindhed og ikke modtager det, og hans vrede er allerede begyndt over dem. For det er den højeste og skrækkeligste vrede, når Gud ikke giver et åbent øre og agtelse for hans ord, så at man ikke behøver ønske nogen sværere plage. Derfor må man også lade dem fare, hvis de ikke står til at forbedre, og stille dem under Guds dom; for de har allerede fået en højere og sværere forbandelse, end alle mennesker kunne ønske dem. Og når de ikke vil hører Gud, så skal de heller ikke have ham, men bliver Djævelens egne i Helvede til evig tid, have al ve, plager, hjertesorg og jammer, evigt brænde og ikke nyde en vanddråbe, hvormed de kan vederkvæge sig et øjeblik. Dertil skal de ikke eje så meget som en hårsbred og en tråd, men være berøvet både Gud og al hans nåde samt de gaver, som de salige skal have, og dertil alt, som de har haft på jorden. Dette begynder allerede her, idet de ikke skal nyde deres gode med glæde, men til sidst må efterlade det. Meget mere skal de dér mangle alt, som Gud er og giver. Hvordan kan de da gruelige re og hårdere være plaget? Alligevel er det beklageligvis ganske alment i hele verden blandt ædle og uædle, i høj og ringe stand, at man med spot foragter og ler til, ja dertil på det højeste forfølger dette Guds Ord og det, som man taler om det andet liv. Dér ser man, at straffen allerede er begyndt og at Helvedes ild er optændt og brænder over deres hoved.

Derfor lad dog dette eksempel tjene os til advarsel og skræk samt styrke vor tro, at vi tænker os til et andet liv, når vi efter dette usle liv har en så stor salighed og uudsigelige gaver at vente, da Gud selv vil give alt og dertil være alt, det vi kan ønske os. For det er hans ord og løfte, hvormed han så trøsteligt formaner og opmuntrer os, at vi ikke må lade det timelige forurolige os, som vi her har, men i stedet lære at skatte det kommende, som er lovet os, selv om verden også foragter det, og at vi atter må foragte det, som den skatter højt, det være sig penge, ejendele, vælde eller magt. Vi må sige: Kære fyrste, bonde eller adelsmand, du har nu nok og pukker på rigdom og vælde og lever i sus og dus; men far din vej og bliv ved godt mod. For til sådanne svin hører sådanne trug. Men du har alligevel intet for Gud, men er foragtet og forkastet. Jeg har ikke dine penge eller ejendele eller vælde; men jeg véd og venter noget andet, som du intet véd om, nemlig hvad Gud har lovet mig, at han vil kalde mig frem af jorden og gøre mig skønnere end solen. Da skal jeg over al måde have nok af alt. På den berømmelse vil jeg pukke og lade dig på det højeste nyde dine verdslige ejendele, som du i dag eller i morgen må slippe her og fare herfra helt blotte og nøgen.

Se, sådan må vi her styrke og trøste os imod verdens utroskab og sikkerhed, hvormed han giver de svage en stor forargelse, så at vi ikke skal tage hensyn til dette, men på det han siger og priser: Tro kun på min Søn Kristus, så vil jeg hjælpe dig fra døden, når verden må blive i den evigt, og give dig alt, hvad dit hjerte ønsker samt pryde dig sådan, at du skal lyse over alle stjerner, da de andre må blive i et evigt mørke. Hold dog dette kærere og bedre, når du alligevel ser, hvordan verden pukket på sine for-gængelige ting og meget mere foragter Gud og hans ord, end vi kan højagte vor skat. For vi er også endnu kød og blod, og derfor kan vi ikke så aldeles stole og trodse på vor evige uforgængelige skat i Gud, som de foragter ham og pukker på det, som er deres. Dog må vi bringe det dertil og indtrykke det i vort hjerte, at vi stedse holde os dertil og ikke aldeles falder derfra eller foragter ham, som verden gør.

Se, dette er den tillid, som vi har om det andet liv, at Gud selv skal være vor og alt i os. For tag for dig alt, hvad du gerne vil have, så skal du ikke finde noget bedre at ønske end at eje Gud selv, som er livet og en uudtømmelig afgrund af alt godt og en evig glæde. Nu er intet ædlere på jorden end livet, og hele verden er ikke så bange for noget andet end som for døden og ønsker intet højere end livet. Denne skat skal vi over alt måde og uden ophør have i ham. Da skal Himlen, om du så vil, regne til dig idel rigsdaler af guld, Elbenstrømmen flyde fuld med perler og ædelsten, jorden bærer alle slags lyst, så at om du siger det til et træ, så må det bærer idel sølvblade, gyldne æbler og pærer, samt græs og blomster på marken lyse som idel smaragd og alle slags skønne ædelsten. Kort sagt: Det, hvori dit hjerte søger sin lyst og glæde, skal rigeligt være for hånden; for det hedder, "at Gud skal selv være alt i alle." Men hvor Gud er, der må alle gode ting være, som man nogensinde kan ønske sig.

v29-30. Hvad skal det ellers til for, at nogle lader sig døbe for de døde? Hvis døde overhovedet ikke opstår, hvorfor så lade sig døbe for dem? Og hvorfor udsætter vi os for fare hvert øjeblik?

Hidtil har han stadfæstet og bevist denne artikel. Nu fortsætter han og formaner en stund sine korinthere, som jo en prædikant bør gøre, så at han både lærer og straffer de genstridige. Han vil altså sige: I fortvivlede partiånder og hedenske mennesker, har I dette hjerte, at I ikke tror, at vi skal opstå, som Kristus er opstået, hvad gør I da, at I lader jer døbe for de døde? Hvortil er dåben jer nyttig, hvis I ikke håber på et andet liv? Ligesom han allerede har sagt: "Hvis de døde ikke opstår, så er både vor prædiken og jeres tro tom." For hvis intet andet liv skulle være til, ville da nogen prædike eller gå til prædiken, men snarere lade Guds Ord være, som de andre gør, som aldeles intet tror? Så behøvede man heller ikke dåben nogen steder, om opstandelsen ikke var; for ingen behøver lade sig døbe for, at han deraf må have nok til at spise og drikke eller få sine kasser og skuffer fulde. Og det er sandt, at den som kun farer efter dette, han behøver visselig intet deraf og kan godt leve uden Guds Ord og dåb; som nu både bønder, borgere og adelsmænd anser sig at kunne og berømmer sig af, at de ikke behøver nogen prædikant. De ville meget hellere være Guds Ord kvit og ikke give en øre for alle prædikenerne. For de har deres egen gud, som de tror på. Det er deres penge og værdigenstande. Det er aldeles deres liv og Himmerige. Derfor er det ikke muligt, at sådanne gerne skulle høre Guds Ord eller spørge efter det andet liv. For også jeg selv, hvis jeg var i den tro (derfor bevare mig Gud), at jeg skulle dø som en ko, så ville jeg aldrig komme til dåb, nadver eller en eneste prædiken. Derfor må man ikke fortænke dem, da de intet tror om det andet liv, at de hverken bryder sig om dåb eller prædiken eller ære lærere og prædikanter. For som de tror, sådan lever de. De er og bliver svin, tror som svin og dør som svin.

Derfor siger han nu: I må jo selv være store dårer, når I lader jer døbe, hvis I ikke tror denne artikel. For er den intet, så kan Gud blive, hvor han vil, med sin dåb og kristendom, og den, som vil, kan tro ham. For den, som tror sådan, tror ikke, at Gud kan hjælpe ham ud af døden og at han efter dette liv har et eneste øjeblik mere. Han behøver heller ikke noget ord eller nogen prædiken, men blot bødlen, som må være hans prædikant og gud og forhindre, at det ene svin ikke æder det andet, samt bære ham ud, når han er død, og kaste ham ud på lossepladsen som et andet svin. Siden skal de finde, hvad de har foragtet og bespottet; når vi derimod skal se med andre øjne og har fået det, vi nu tror og håber på. Da skal de intet andet gøre end at hyle og råbe til evig tid, hvilket dog ikke skal hjælpe dem. Ligesom den rige mand heller ikke ville tro, da Lazarus lå for hans dør, før han fik troen mellem sine hænder, da han lå i pine og kunne se Lazarus i evig ro og glæde og da han gerne byttede al sin tidligere rigdom mod blot en lille dråbe koldt vand, men ikke kunne få det.

Sådan vil Paulus med disse ord dadle de grove lærere, som på grund af deres svinagtige forstand foragter denne artikel og alligevel vil blive anset for kristne. For så tåbelig og gal er ingen kristen, at han ikke skulle kunne gøre den indvending, som bespotterne anser for særdeles kløgtig, og spørge: Mener du, at det er sandt, hvad præsterne prædiker, at vi alle atter skal blive levende, efter at vi er blevet begravet og forrådnet? Eller som vores svin siger: Mener du, at just dette er at være et menneske? For dertil behøves, Gud ske lov, ingen skarpsindig forstand, men det er en ret svinekunst, som de groveste hoveder af sig selv har udtænkt. Men det var synd og skam af disse korinthere, at de kunne sige dette og alligevel lade sig døbe og ville hedde kristne.

Så de havde vel været værd, at han dadlede dem anderledes, såfremt han havde skrevet til partiånder og forvildede vildbasser, hos hvem al formaning og irettesættelse havde været forgæves, og ikke til den flok, som ikke var forstokket, men stod til at omvende.

Derfor vil han af deres egen gerning overbevise dem, at når de selv lader sig døbe, så kan de jo ikke benægte denne artikel om opstandelsen. For det rimer sig ikke, at dåben skulle gælde noget, hvis man intet vil tro om det kommende liv. Da må de, som lader døbe, være idel dårer og selv ikke vide, hvad de gør. Intet svin er så groft, at det ikke kan forstå, at dåben intet tjener til, hvis ingen opstandelse er at vente. Men hvor stærkt denne begrundelse end er, så beviser den alligevel heller ikke noget hos en bespottere, for han siger straks: Hvorfor gør de sådan? De er dårer. Men hos de kristne og trofaste, hvor den ene bør give den anden gode troens eksempler og vidnesbyrd om troen gennem dåben og nadveren, Guds Ords hørelse og bøn, der gælder det som et kraftigt bevis, at når de kristne lader sig døbe, så må denne artikel være vis. For det er ikke muligt, at så mange gode og fromme kristne skulle være dårer, som jo er så lærde og kan lige så meget som de grove svin; jeg vil ikke sige, at de har en meget højere og større forstand. Bevæger det dig nu, hvad et svin grynter, hvorfor så ikke meget mere det, en kristen siger dig, som en Guds engel?

Ja, siger du, men de andre er mange. Hvad kommer det dig ved? Om de end var mange flere, så er de dog intet andet end svin. Derfor, se meget mere efter, hvor fromme, lærde og forstandige disse er, så finder du en stor forskel mellem en kristen og sådanne svin, som intet tror. For en kristen véd at tale så klart og vældigt om Gud samt hans ord og gerninger, at det ikke er muligt, at det skulle være falsk og uden værdi. Men de andre kan intet mere og højere, end som hvert og et svin kan forstå, men vil alligevel i høje sager dømme efter sit svinehoved, dertil lære og dadle de kristne, som har mere forstand i en finger end de alle sammen i hele kroppen og jo så vel skulle kunne deres svine-kunst, om det kunne kaldes en kunst, som de selv. Derfor slutter man retteligt sådan: Alle kristne lader sig døbe; altså må et andet liv følge efter dette; for dåb og nadver, ligesom også lærere og prædikanter, tjener på ingen måde til dette liv. Derfor om det skulle blive ved dette liv, så lader man gerne dåben og alt, hvor-med de kristne omgås, fare, for deraf får du ikke en sæk fuld med guldmønter eller et loft fyldt med korn, men du får frelsen fra døden, synden og alt onde samt det evige livs gave. Dette er det dyre smykke, den perle og ædelsten, om hvilken Kristus siger i Matt 13, 46, at en købmand fandt den og solgte alt det han ejede og købte den.

Men han tilføjer et lille tillæg ved ordet "døbe", som på latin hedder "pro mortuis" (for de døde), [på græsk: hyper tōn nekrōn, som kan betyde: over eller for de døde]. Det har man tolket så-dan, som det lyder på latin, som havde de ladet sig døbe for de døde, det vil sige, for de vantro i hedenskabet. De skulle altså være døbt to gange, én gang for sig selv og den anden gang for sine bekendte. Men sådan er det er ikke. For sådan står der i ApG 2, 38, hvor Peter siger: "Omvend jer og lad jer *alle* døbe i Jesu Kristi navn til jeres synders forladelse." Og det gælder ikke, at den ene skulle lade sig døbe for den anden; *ligesom enhver jo for sig selv må gøre bod, tro og bekende troen.* Derfor bliver jeg ved samme mening, som de gamle græske lærere, som vi også gennem en fodnote til teksten har givet oplysning om. Artiklen om de dødes opstandelse var for nyligt plantet i Paulus' tid og inden da ubekendt for hedningerne, også for de allerlærdeste i Grækenland, skønt de dog var kommet så langt, at det syntes

114

dem som om sjælen efter kroppens død endnu levede. Dog kunne de ikke slutte dette med vished. Men at mennesker skulle stå op igen og både krop og sjæl atter komme sammen, derom vidste de slet intet. Derfor blev det dem i begyndelsen svært at tro apostlenes prædikener, og de, som troede, måtte lide megen hån. For at styrke menneskers tro på denne artikel lader de sig da døbe ved de dødes grave til et tegn på, at de forvist troede, at de døde, som lå begravet dér og over hvem de lader sig døbe, atter skulle opstå, og at de holdt det for så sikkert, at de ligesom med fingeren pegede derpå. Det var aldeles som hvis vi skulle holde dåben helt offentligt på en almindelig kirkegård eller på en grav. Derfor læser man, at kirken i Aquileia lærte og var vant til at sige Trosbekendelsen sådan: "Jeg tror på *dette køds* opstandelse." Det gjorde de uden tvivl for klart og tydeligt at lære og bekende denne artikel imod partiånderne.

Denne måde har de kære apostle og fædre brugt for at indskærpe denne artikel både med ord og tegn, da den endnu var ny, *ligesom man med ceremonier og ydre måde må indprente læren* i unge, ulærde folk, at de, så at sige, kan tage derpå og sådan tvivle mindre. Ellers er det let glemt eller snart borte af hjertet. Altså har de her døbt folket ved de dødes grave, som ville de dermed sige: Her lader jeg mig døbe til et vidnesbyrd, at jeg visselig tror, at disse døde, som ligger her, alle skal opstå. *Så man ikke måtte tænke, at det kun var et spøgelse eller at andre og nye kroppe skulle opstå,* som af Gud blev skabt på ny, men netop den Paulus og Peter, som er død og begravet, og som vor tro siger, netop det kød, som nu står og går her eller begraves i jorden. Ligesom netop *samme Kristus,* som var født af Maria og naglet til korset, sandt er opstået og ingen anden, som han også viste sine disciple sårene i sine hænder og i sin side.

Så ser du nu, at alt drejer sig derom, at denne artikel må være vis hos os. For om den svigter eller ikke mere gælder, så gavner og gælder alle de andre heller ikke, når alt er sket for opstandelsens og det kommende livets skyld, at Kristus er kommet og har oprettet sit rige i verden. Hvis nu det, som er *grunden, årsagen og endemålet for alle trosartikler*, bliver omstyrtet eller borttaget, så må tillige også alt andet falde omkuld og forsvinde. Derfor er det nødvendig flittigt at drive og bestyrke denne artikel, som de gamle gjorde på den netop omtalte måde ved dåben og vi også gør med andre tegn. Vi bringer de døde til graven, gå bag efter kisten, synger og beder for dermed at bekende og betegne vor tro, at just de samme døde og vi med dem skal opstå på den yderste dag og at ingen andre kroppe skal findes, blot at de skal blive anderledes beskaffen og forherliget.

Derfor arbejder Paulus med alle disse ord på, at vi skal være visse om den kommende opstandelse, så at han også i stor utålmodighed farer ud og siger: Hvis denne artikel ikke var, så kunne vi godt holde med vor prædiken, dåb og hele kristendom. Hvorfor skulle vi da holde os til det, for hvilket Djævelen og verden er os så fjendske, og hvorfor skulle vi arbejde så forgæves samt stedse udsætte os for den dødelige fare, som vi nu må stå i? Intet menneske på jorden er jo så gal og dum, at han uden al årsag sætter sig i en uundgåelig fare og blot drager unødvendig lidelse og plage over sig. For nogen har der også været blandt hedningerne, som har påtaget sig stort besvær og fare og har vovet liv og levned, men de har haft nytte og ære deraf og er blevet højt agtet og prist for verden, og der har altid været noget, som bevægede dem dertil. Lige så giver soldater og vovehalse sig villigt ud i faren for at indlægge sig ære eller for at vinde penge og gods. Kort sagt: Den, som tør risikere og vover at lide meget,

116

må visselig vide at kunne vente noget værdifuldt, for det, han gør.

Nu er de kristne alene dette folk, som må have al fare og ulykke i verden uden at have noget på jorden, som skulle bevæge dem til det. For de har jo hverken penge eller ejendele, hverken ære eller gunst deraf, men kun modsætningen, fattigdom, elendighed, foragt, fjendskab. Dertil bliver de dømt, forbandet, forjaget og myrdet, og de må jo være fra forstanden, hvis de ikke søgte efter andet end skade og spot, ligesom de havde lyst til, at man var dem fjendske og tilføjede dem alle plager. For også hedningerne har sagt: Det er den største galskab på jorden at besvære sig forgæves og intet andet vinde derpå end uvenskab.

Vi har her intet at vente, men må villigt give slip på dette liv og alt, hvad vi har, så at vort liv og væsen for verden egentligt hedder forgæves besvær og forgæves at lægge sig imod hele verden, både fyrster, lærde og helgener, bønder og borgere, straffe med Guds Ord og forbande og ikke sige nogen, det han gerne hører. Vi fortjener hermed, at enhver bliver vred på os. Men da må vi jo have noget andet, som vi holder os til og som vi skatter for højere og bedre end denne verdens gods, ære, gunst og nåde og alt det, den har. Ellers var vi, Gud ske lov, jo ikke så helt dumme og gale, at ikke også vi hellere ville holde munden lukket, have verdens venskab, gode dage og bekvemmelighed og leve, som den lever. Men da vi kan foragte alt dette og lade det fare, så lader vi klart forstå, at *vor fortrøstning ikke står til denne verden, men er bygget på et bedre liv.* Vi bekymrer os ikke om, at verden ler af os og holder os for dårer eller foragter og tramper os ned med fødderne, men vi siger til dem tilbage: *Vi véd godt, at hvis vi vil være kristne, så kan vi ikke være enig med verden.* For vi er just derfor døbt og prædiker, at vi skal fortørne Djævelen og ægge al verden mod os. Det har vi forsøgt, og begyndelsen er gjort. Havde vi villet tjene verden, så havde vi nok begyndt det anderledes. Men det sker alt sammen, så vor Herre må blive prist og vi komme til den dag, at vi og hele verden skal fornemme, hvad vi har i ham. Når verden med al sin gunst og nåde, ære og gods, ikke skal være til mere, skal vi få en sådan skat, at ingen herre eller konge skal nå den og intet menneske lære den at kende, med mindre han holder med os og har dette mod, at han *gladelig kan foragte verden med dens væsen og vove alt for skatten.*

Se, dette er meningen, når han siger: "Hvorfor udsætter vi os for fare hvert øjeblik?" Han taler dog dette egentlig om apostlene, som han straks bagefter forklarer det om sin person; og det overgår ikke alle kristne, at de udstår og lider så megen fare som Paulus eller andre apostle og prædikanter. Men alligevel er det sandt, at alle kristne har at vente, at hvis vi vil bekende Kristus og leve ret, så bliver verden os fjendsk og angriber os, ligesom den gør med prædikanterne, så at vi ikke kan vente noget bedre. Dette er alle fromme kristnes almindelige ydre fare, den enes så vel som den andens. Dog taler Paulus her om den særskilte fare, som overgår ham og de andre apostle, ud over den almindelige fare og som altid er ved prædikeembedet, som han andetsteds siger i 1 Kor 4, 9: "Gud har gjort os apostle til de ringeste, næsten til dødsdømte", eller overgivet til døden. For de må ikke kun drages med ydre farer af verden som forfølgelse og fængsel, men de må også udstå endnu meget mere af Djævelen, som hænger sig ved dem og gør alle slags hindringer. Han jager dem dag og nat, så at de altid må være i dødsfare og angst, og de er ikke anderledes til mode, end som om de måtte dø hvert øjeblik. For det er dem, som dagligt må stå forrest i spidsen frem for alle andre samt modstå og afvise alle Djævelens spyd og pile.

Så siger han nu: Hvad skulle vi søge ved at give os ud i en så høj, uundgåelig og vedvarende fare, hvor vi aldrig kan være sikre på livet eller har nogen glæde? Jeg gør det jo ikke for ære og gunst eller for venskabs skyld. Jeg udretter intet andet dermed, end at både djævel og verden fatte det bitterste had til mig og angribe mig indtil døden. Hvorfor skulle jeg da uden årsag ligger mellem Djævelens spyd og våben, der alle skyder efter mig for at ramme mig? Sådan har Paulus uden tvivl ofte måttet lide mange puf og stød, som han tydeligt har mærket, så at han ikke været anderledes til mode end de, som løber spidsrod, hvor hug og slag kommer fra alle sider. Men hvem ville gøre sådan, at han skulle stå og prædike, hvor han kun så ladte geværer, som sigtede på ham? Tror du, at jeg under sådanne omstændigheder ville holde en prædiken selv for hundrede tusind gylden?

Nu var her meget hårdere og grueligere, hvor Djævelen med alle Helvedes pile og alle geværer sigtede på apostlen, og han må lide under det uden ophør, som han i 2 Kor 12, 7 klart lader forstå. Alligevel blev han skønt og stadig ved sit embede og agtede ingen fare og ingen lidelse så højt, at han derfor ville afstå med sin prædiken. Men hvem ville vente alt dette uden ophør, om han ikke var så vis på denne artikel som på sit eget liv? Ja, jeg siger for min del: Om jeg vidste, at det ikke gjaldt mere end ære og gods og at jeg dermed kunne fortjene hele verdens goder tre gange, så skulle dette ikke kunne formå mig til at holde en prædiken, og jeg ville hellere krybe ni alen dybt ned i jorden end vente en sådan fare. Men her gælder det noget andet end vi kan søge og få her, noget som kan trøste os i lidelse og jammer og hvorimod alt er at agte som intet, som Paulus siger i Rom 8, 18. Vi må her spise og drikke og tage hvad vi får, skønt verden ikke under os det. Men derfor vil vi ikke være kristne og tro, men vi venter noget højere og bedre nemlig en uudsigelig og evig skat.

v31. Ja, brødre, så sandt I er min stolthed i Kristus Jesus, vor Herre: Hver dag dør jeg.

Her nævner han, hvad for en stadig fare han mener, og anvender det på sig selv samt bekender, hvordan det står til med ham og beskriver med et ord så at sige sit levneds rette løb, som verden intet véd om eller forstår. For den véd intet mere, end at den har hørt, hvordan han og de andre apostle har opvakt døde og gjort underværker, og hvad flere gerninger man kan se, som lyser stort. Men dette stykke har ingen forstået uden kun den, som kender det, og endnu forstår ingen det, uden at han selv kender og erfarer det. Derfor må man også her undgå at taler meget derom.

Men han sværger dertil ved sin berømmelse og holder det for en stor og dyr ed. Som ville han sige: Så kær den ære og berømmelse er mig, som jeg har i Kristus Jesus, så højt og dyrt sværger jeg. Nu véd de kristne, hvad denne berømmelse i Kristus betyder og er. Ikke at vi bliver rige på hundrede tusind gylden eller vinder et kongerige eller kejserdømme, med at vi gennem Kristus bliver forløst fra synden, døden og Djævelen og får håb om, ja, allerede nu til dels bliver ført ind i det evige rige og kan berømme os af, at vi har en nådig Gud og Fader, når vi er døbt og tror på den mand, som kan give os evindeligt liv. Ingen muslim, ingen partiånd, ingen papistisk biskop eller fyrste eller lærd og falsk hellig, og kort sagt, ikke hele verden véd det mindste om dette. Den berømmelse har jeg i denne artikel og sætter den som pant, for den skal og kan ikke slå fejl. Ellers ville jeg ikke gøre en så dyr ed for hele verden.

Men hvad betyder det, at han siger: "Jeg dør hver dag?" Jeg ser jo ikke, kunne verden sige, at man endnu har begravet dig. Du går og står, spiser og drikker, drager omkring og prædiker og udøver dit håndværk? Kaldes det at dø eller at være død? Velan, han sværger derpå og vil, at man for vist skal anse det sådan. Men det kommer, som sagt, deraf at ikke enhver véd eller forstår, hvad han mener dermed eller hvad det betyder at dø sådan og hvordan det går til; nemlig at han altid kæmper med døden på halsen og bliver plaget uden ophør, så at han har større følelse af døden end af livet. Og alligevel siger han, at han dertil har en ære eller berømmelse, nemlig af livet, skønt det kendes yderst svagt og ofte aldeles intet. Altså ligger død og liv, synd og fromhed, god og ond samvittighed, glæde og bedrøvelse, håb og forskrækkelse, tro og utro, i stadig strid og kamp mod hinanden. Kort sagt: Gud og Djævel, Himmel og Helvede. Om sådan kamp taler han her, som han også alene forstår, som en høj apostel, som uden ophør har oplevet det og er blevet øvet godt deri. Derfor tvinges han også til at sværge, at man må tro ham, at han taler sandt, skønt andre mennesker ikke oplever eller forstår det.

Hvorfor skulle jeg nu handle sådan, vil han atter sige, at jeg ikke kun bliver plaget, fanget og pint af verden og lider hvad mig i ydre måde kan overgå, som han mere udførligt opregner i 2 Kor 11, 23 ff., men også ofte i sådan fare må stå i en særskilt strid med Djævelen samt dag og nat kæmpe med døden og kende Helvedes angst? Hvad nytte har jeg deraf? Eller hvad giver man mig for det, at jeg skulle kaste mig derover aldeles unødvendigt, skønt jeg kunne undgå det? Skulle jeg ikke meget hellere gøre slut på det alt sammen og lade mig begrave eller håndtere sagen som verden, så at jeg gav Kristus god dag og alt det, som hører Kristus til, samt levede som andre lever, så verden måtte slippe mig i fred og Djævelen være min nådige herre. Ja, det skulle også jeg sandelig godt kunne, om jeg ville forsage det andet liv. Men når jeg ikke vil det, men berømmer mig af et andet liv, så må jeg berede mig derpå og have til løn, at verden farer sådan med mig, og Djævelen piner og plager mig sådan, at jeg aldrig får noget gavn af dette liv. Men om han end daglig kvæler mig og gør end så megen fortræd, så vil jeg dog ikke lade denne berømmelse tage fra mig, men omsider nedlægge ham dermed og beholde sejren. Her sætter han nu et stykke af sin berømmelse eller fare selv om det ikke er det største, idet han siger:

v32. Hvis det kun var med et menneskeligt håb, jeg kæmpede med vilde dyr i Efesos, hvad gavnede det mig så, hvis døde ikke opstår?

Dette kaldes også en berømmelse, men ikke som verden berømmer sig af magt og styrke eller af stor ære og ejendom, men kun af lidelse og dødsfare og af en anden sejr, som verden ikke kan udrette, nemlig at han sad i dødens gab og alligevel blev frelst derfra. Men han nævner særskilt en bestemt plage, som fandtes i landet, især i Rom. De havde den vane, at når de ville underholde folk, så tog de en forbryder eller en, som var dømt til døden, rejste et hegn mit på torvet og satte ham inden for det uden forsvarsvåben. Så slap de løver og bjørne eller andre gruelige vilddyr løs på ham. Med dem måtte han da kæmpe og enten værge sig for dem eller lade sig opsluge. Det gjorde de, når dyrene var mest sultne, og de tirrede ofte dyrene, så de måtte blive desto vildere. De havde fornøjelse i at se derpå, især på de kristne, hvor disse stakkels mennesker blev sønderrevet af dyrene. Og de mente, at de skulle afskrække de kristne med en så

122

gruelig pine eller derigennem udrydde dem. For det var ikke muligt, at et menneske skulle kunne værge sig imod sådanne gruelige vilddyr. *Men Gud gjorde undertiden et mirakel*, så de grueligste dyr, som de pudsede på de kristne, ikke gjorde dem nogen skade, ja, var for dem så tamme, at de faldt dem til fode og opførte sig så venligt som imod små unger og lod sig behandle som får. Sådan blev nogen frelst til at styrke deres tro; *men dog ikke alle*. Ellers var det blevet for alment og var kommet i foragt. Men hvis det ikke hjalp, så måtte bødlen til sidst komme og henrette dem med sværd.

Heraf berømmer nu Paulus sig, at han blev kastet for vilddyr, så at de skulle have sønderrevet ham, men han forsvarede sig imod dem og blev frelst uden al verdens tak ligesom Daniel, da han kastedes for løver i hulen, (Dan 6). De andre, som havde anklaget ham, blev imidlertid sønderrevet med hustru og børn af samme løver og fik deres ben knust. Sådan nævner han flere steder, hvordan han ofte blev underfuldt frelst af fængsel. Ligeledes af farer på havet og anden nød, hvori han var stedt, 2 Kor 11. Så hedningerne kunne ikke altid sluge de kristne, som de ville, men måtte ofte imod deres vilje lade dem lever og ikke udrydde dem, før det passede Gud. Det skete, så de kristne deraf måtte se, at Gud var dem nær og at de ikke aldeles var uden trøst. Mit i døden skulle de se en del af livet, og andre skulle derigennem komme til eftertanke, blive omvendt eller forskrækkes og ikke kunne gøre, hvad de ville. *Sådan har Gud også nu ofte beviset sig hos os.* Om han ikke havde været nær hos os, havde paven med sine vrede tyranner for længe siden slugt os ti gange.

Til hvad ende skal jeg nu give mig i en sådan dødskamp, siger Paulus, og kæmpe mod vilddyr? Hvem ville gøre det for timelig vindings og æres skyld? For hvad stod andet end en vis død for øjnene, når et enkelt menneske uden al hjælp skulle stride imod rasende løver, bjørne og leoparder? Og alligevel har troen måttet kæmpe imod et så grueligt syn. Og om jeg end gjorde det for berømmelsen og verden til behag, så havde jeg dog dermed ikke fortjent mig nogen anden tak og ære, end at de havde foragtet det og sagt, at jeg var en troldkarl og brugte djævelsk kunst dertil. Sådan gjorde de med Kristus selv og skulle også nu gøre sådan mod os, selv om vi opvakte døde i deres påsyn. *Derfor har jeg ikke gjort dette efter menneskers måde eller mening for at søge noget dermed hos mennesker.* Og når jeg sådan i åndelig måde stedse må kæmpe og slås med Djævelen og altid svæve mellem død og liv, så at alt det onde, som Djævelen og verden formår, angriber mig, og intet andet er med mig end idel død, så må jeg jo kende en større trøst end noget menneske her på jorden.

At mordere og misgerningsmænd kommer i fare og dør, er ikke noget besynderligt, for de har fortjent det og faret derefter, og de kan ikke fægte eller kæmpe derimod, men må fortvivle og forgå. Men vi, som villigt og uden årsag påtager os en sådan fare og dødskamp, må være visse om et andet liv og væsen. Ellers kunne jo vi alligevel så vel som andre tale og gøre det verden behager eller smiske fyrster og herrer og fare derefter, så også vi måtte blive store herrer og have gode dage, hvis vi ikke søgte efter noget andet end vi finder her. Men nu søger og stræber vi efter noget, som ingen kejsere, konge eller herre kan give og ingen lærd eller doktor véd eller forstår. Derfor taler og gør vi anderledes end de taler og gør.

124

v32b. Så lad os æde og drikke, for i morgen skal vi dø!

Dette taler han i de bespotteres person, som med sådanne ord spottende hånede hans prædiken, og anførte dette ord fra profeten Esajas 22, 13, som det også gik sådan, da han meget stærkt prædikede og straffede sine jøder i Jerusalem, fordi de var gerrige, foragtede Guds Ord og troede lige så meget om de dødes opstandelse som kvæget. Da stemte de i, åbnede munden, hånede alt, som han truede med, rakte tunge ad ham og bespottede ham som en dåre og sagde indbyrdes: Kære, hør hvad profeten siger, vi skal dø i morgen. Er det sandt, ak, så lad os forud spise og drikke og være ved godt mod, mens vi endnu er til! Det var jo sandelig ubehagelige røster, som sådan kunne dreje hans ord og drive hån med just det, som de burde blive forskrækket over, nemlig at Gud var vred og skulle straffe dem med alle slags plager, som han truede med. Da gør de lige modsat, misbruger hans trussel til hån og til større ubodfærdighed og taler så ligeglad om døden, som var døden intet vigtigere end et fugleskræmsel. Hvilken djævel i Helvede ville vel prædike for sådanne mennesker, som så giftigt fordrejer alle ting og som, når man forskrækker dem med døden, tager den samme og pukke på den imod sine profeter?

Dette har Paulus uden tvivl også ofte måttet hører af sine bespottere. For det er den måde, som verden, både bonde og borgere og baron Storpraler lader lyde fra sig, når man gennem Guds Ord vil forskrække dem med døden og Helvede. Ak, hedder det, præsterne taler meget om døden samt gør Djævelen grufuld og Helvede hed; så lad os da først tage os en god drik sammen, så længe det varer! Dør vi, så er vi døde. Derfor anvender Paulus også sådanne ord, som ville han sige: Er det sandt, at man ikke behøver tro opstandelsen, så véd heller ikke jeg noget bedre, end at også vi taler som dem og håner både Gud og hans apostle. For når man ikke vil tro Guds Ord, ej heller frygter for hans vrede, er det alligevel forgæves, hvad man siger og prædiker. De kan alligevel ikke tale anderledes end som de tror; som også nu vores baroner sige: Mener du, at det er sandt, som præsterne siger, at vi herefter atter bliver mennesker? Kære, når vi er døde, så er vi døde; når kroppen dør, så dør det ene menneske så vel som det andet.

Velan, dette spotteri tvinges de kristne at høre og bør lade dem være, indtil det indfinder sig og tiden kommer, at de ikke skal foragte døden sådan, som de nu foragter den. For jeg har, Gud ske lov, nu levet længe nok til at se, hvordan vor profeti og prædiken er blevet sand og at endnu ingen bonde eller borger har været så fræk og stolt, når døden kom ham nær, så han ikke blev forskrækket og vred. Hans spotteri og pukken har da ikke kunnet hjælpe. For døden kan den kunst at gøre de allermest stolte og frimodige tvivlrådige og modfaldne, om han blot hilser lidt på dem med en smitsom sygdom, så at hjerte og mod slipper dem ved tanken om at de må opgive gods og ejendele efter sig. Kan døden nu sådan forskrække dem, som ikke tror, så må visselig en større forskrækkelse vente i Helvede. Der skal det ikke hedde som nu: Er vi døde, så er vi døde. Dér må de ligge i en evig ild og råbe ak og ve over sig selv, at de er født og at de skal tvinges forbande og fordømme sig selv, fordi de har hørt Guds Ord, men så forsmædeligt foragtet og bespottet det.

Derfor skal vi jo vogte os for denne letfærdige tale og ikke bespotte Gud og hans ord. For han rammer også sådanne gerne, inden de forventer det, andre til advarsel. Man har set mange sådanne eksempler, som ikke kan opregnes, hvordan han slår grueligt til blandt sådanne bespottere, som anser det være en kostelig ting, om de kun med hån og spot kan tale om evangeliet. Disse eksempler skal man ikke så let glemme og slå hen i vejret.

126

For han straffer ikke altid på den måde. Da skulle blot få mennesker blive tilbage på jorden. Men han viser dog stundom, andre til eksempel og skræk, hvordan det behager ham og hvad han vil gøre, når han ser tiden inde og en gang kommer. Men da har man også ventet alt for længe. I dag bespotter du, fråser og ler, i morgen er du død og kommer ikke tilbage. Og hvad som overgår en, det kan overgå alle, som Kristus i Luk 13, 4-5, siger om tårnet i Siloa, som slog så mange ihjel: "Hvis I ikke omvender jer, skal I alle omkomme ligesom de."

Når han derfor slår og dræber en, mener han alle og han skal også visselig finde dem, inden de venter det, hvis de ikke i tide omvender sig. Hvor megen ulykke hører man ikke daglig af alle slags skrækkelige plager, ild, vand, mord og brat død? Og skønt mange synes at slippe fri, mener du derfor, at han ikke kan finde en kæp og komme efter dem med straffen, når de for længst har glemt synden og da regner sig fromme samt råber og klager, som havde de aldrig fortjent det? For han lader ikke straffen så hastigt gå over synden, men lader den længe nok have sin gang og holder stille, om de vil forbedre sig. Men til sidst kommer han alt for gruelig, når man venter det mindst. *Og straffen tilpasses også efter hvor mange syndere, der er. En enkel eller lille flok straffer han straks; men med et helt land eller en hel by venter han så længe, til tiden er moden.* Men til sidst bliver dog ingen ustraffet.

Derfor advarer Paulus med profeten Esajas og bruger samme ord og vil hermed give et eksempel, som skulle han sige: På den tid var der også slemme og onde skurke, som ikke kunne andet end at bespotte profeterne. Men siden da de for længst havde bespottet samt var sikre og ved godt mod og ikke mere tænkte på det profeterne havde sagt, *så kom den stund, da Gud lod kongen i Babel angribe og ødelagde alt,* hvad der fandtes, satte ild på byen og templet og dræbte, hvad man kunne, samt bortførte det øvrige med sig. Da klagede de over jammer og nød og mente også, at de var uskyldige. De ville ikke tænke tilbage og se på det gamle register, hvad deres fædre havde fortjent og hvordan de fremturede i samme synder i den tro, at alt var glemt, ligesom de havde glemt det. Men Gud har en lang hukommelse og glemmer ikke, skønt vi glemmer. Så skal han sandelig heller ikke glemme, hvordan hele verden opsætsig og uden al anger nu forsynder sig imod evangeliet, ligesom havde de al frihed og magt til at gøre, hvad de ville. Og når man tiltaler dem derfor, håner de blot, som fandtes der ingen Gud, som så eller vidste det. Men han skal komme over dem, når de tænker, at det er for længst glemt, både med pest, dyrtid, krig og mord, så at man skal sønderhakke og spidde både ung og gammel. Da skal de undgælde, hvad de nu fortjener, og da skal de se, hvad de har bespottet, og tænke på, at vi nu har sagt dem det. Men Gud skal også lade dem forgæves råbe, som de har ladet os formane og advare forgæves.

v33. Far ikke vild! Slet omgang fordærver gode sæder.
Vi kan ikke hindre, siger han, at bespotternes vilde hop råber og siger: Skal vi dø, så lad os først spise og drikke. Er vi døde, så er vi døde. Og om man siger dem noget om den yderste dag, så ønsker de, at de imens måtte have nok penge at bruge og more sig med. Men lad dem leve og bespotte, så længe de kan. Det bliver at se til sidst, hvem som bespotter den anden. Og de skal da have mere at regne end de vil, når man skal holde register for deres næse og de må gøre regnskab, så at de derover skal svede. Men bryd jer ikke om, hvad sådanne letfærdige mennesker taler; men våg og hør, hvad Guds Ord prædiker for jer. For deres snak bedrager og forfører jer visselig.

Dette ord anfør han efter en berømt græsk poet, ved navn Menander, taget fra hans skrift om verdslig opdragelse. For hvor man skal opdrage unge folk, koster det besvær og arbejde at se til, at de ikke får onde og skadelige eksempler at se, gennem hvilke de kan blive skadet og forført. Og også fornuften selv lærer os, at der ligger megen magt på, at forældrene er omhyggelige hermed, hvis deres børn skal opdrages ordentligt. Når nu fader og moder anvender meget besvær og omkostninger på deres børn, inden de blevet nogenlunde opdraget og bragt til et moralsk væsen, så at de véd at opføre sig på en fornuftig og anstændig vis imod enhver, så kan der komme et skadedyr, som med ond mund visker noget i deres ører eller lader det se et ondt eksempel, så at det unge hjerte bliver forgiftet og får ondt blod, som det aldrig kan blive kvit. Når et ungt menneske længe er blevet godt opdraget i lære og disciplin, kan en vild, letfærdig og ond person komme med et løsagtigt, uforskammet ord og eksempel og forgifte ham og dermed på en gang fordærve al den omsorg, flid, tid og omsorg, som man har anvendt på ham.

Dette har hedningerne erfaret i deres væsen, og vi erfarer det også endnu daglig og ser for øjnene, hvor let og ofte gode, unge folk, både drenge og piger, er så forvildede, at det er til stor skade. Så meget kan en ond tunge skade, at den på et øjeblik kan forgifte og fordærve en hel flok, som man i ti eller tyve år har opfostret med stor anstrengelse. Derfor har man villet indprente sådanne ord i ungdommen og dermed formane enhver, at han *vogter sig selv og sine for dårlig snak eller selskab.* For det gør en dødelig skade og fordærver det, som er vel opfostret, som hagl eller lyn fordærver jordens afgrøde. Og de er skændige og djævelske mennesker, som har lyst at forgifte så uskyldige unge folk.

Gør nu en ond tale sådan skade for verdslig tugt og for den hedenske visdom og fromhed, som naturen og fornuften lærer os, hvad skal det da ikke gøre i troens høje sager, som fornuften ikke forstår, selv om enhver taler og dømmer derom, som det nu alle steder sker, også blandt almindelige mennesker? Som når en smædemund blandt en flok bønder eller borgere udspreder sådanne ord: Hvorfor hører på det, som præsterne prædiker? Mener du, at der heraf atter skal blive et menneske? Sådan også adelsmænd og militærfolk, når de udbryder: Skulle man tænke på at man må dø og at der er et andet liv efter dette, hvem vil da drage i krig? Lad os her have godt mod og gode dage, så længe det varer. Hvem véd, hvordan det går? Ja, nogen, som vil være mægtig kloge, holder dem for dårer, som prædiker eller taler om opstandelsen, og siger: De mennesker må have ganske lidt at tænke på, som bekymrer sig derom; for de selv har andet at gøre, som er mere vigtigt, nemlig hvordan de skal erhverve mange byer og slotte. Sådanne ord lyder skønt hos mange, så de går sin vej og ikke mere tænker eller agter på hvordan de lever eller dør, men kun på at de må kunne skrabe sammen og fylde sin mave. Sådan er med et ord snart hele flokken fordærvet, så at ingen prædiken eller formaning siden mere hjælper på dem.

Men kommer den onde tale fra lærde og højforstandige mænd, da først gør det ret skade. De kan virkelig tilberede det, som er ondt og afskyeligt, og desuden polere og smykke det med en skøn farve, så at det glitrer, samt udføre det på en højst hånende måde. Kristus og Paulus, siger de, har været gode tosser. De siger, at der skal være et liv efter dette. Hvad mangler da hos så mange dygtige mænd på jorden, kejsere, konger, fyrster og herrer, lærde og vise? For vist har de, især Grækenlands vise, vidst lige så meget om dette som disse fattige tiggere og ulærde mennesker? Dette lægger en enfoldig sig straks på hjertet og tænker: Hvem véd, om det er sandt, som de prædiker? Skal jeg tro just det, som så mange lærde og vise mænd ikke tror? Hvem har sagt ham det? Det må vi lide og vænne os til. Om vi end prædiker meget, så kan vi dog ikke hindre, at denne unyttige snak og onde forgiftede munde skal indfinde sig, da selv Paulus ikke kunnet hindre det.

Velan, snakken er der, ja, en meget ond snak. Men du være hermed advaret på Guds vegne, at du ikke bryder dig om at hører det, men lader Guds Ord gælde mere hos dig end hele verdens snak, skønt de allerviseste og højeste, lærde, kejsere og konger ikke handler sådan, og mindre, jo lærdere og visere, de vil være. For hvis du ikke vender ørerne bort, men vil lytte til denne snak, så må du visselig tage sådanne stød og sådan forargelse: Hvem véd, det turde vel ikke være sådan? Får Djævelen dig så langt, så har han allerede fanget dig, som han gjorde med Adam og Eva. For det er hans skurkagtighed, at han sådan søger at lokke mennesker fra Ordet og stjæle det af hjertet, så at man ikke tænker på det eller fornemmer det. Siden kan han i stedet indskyde andre tanker. Og så har han vundet spillet. Derfor må du være rustet derimod, så at du griber til denne lægedom eller medicin for og imod denne gift og, om du hører denne snak med et øre, straks holder dig ved Ordet med hele hjertet.

For jeg har selv erfaret, hvordan det støder en for hovedet og rammer hjertet, når man hører sådanne personer og næsvise kloge med sikkerhed og vished taler om sagen og bespotter på en så foragtelig måde, som var intet så sikker løgn. Man kan da ikke undgå at tænke: Hvem véd? Der er jo så mange store, lærde og dygtige mænd, den bedste kerne af verden, og dertil den største flok, som taler og tror anderledes. Var det nu ikke sandt, så var da intet større bedrageri kommet på jorden. Jeg har også erfaret og ser mange, som har haft svære anfægtelser af det spørgsmål, om noget andet liv skal være efter dette.

Se, alt dette kommer af denne løsagtige og onde tale, især hvor svage og uforsøgte hjerter og samvittigheder er. *For jeg er, Gud ske lov, så rustet derimod, at, om Gud vil, så skal intet skade mig, hvad end hele verden siger.* Derfor må man vogte sig med flid og stedse holde sig ved Guds Ord, hvorpå denne artikel er grundet og nu har stået og forblevet mere end femten hundrede år og har været anfægtet af mange snakkehoveder og bespottere, men aldrig er blevet omstyrtet eller undertrykt, når de med deres snak alle er forgået og døde, så at ingen taler mere om dem eller mindes dem.

Men denne artikel forbliver og står endnu stadig, som den er blevet prædiket af de kære apostle samt troet af Adam og alle fædre og helgener og skal prædikes, så længe verden står, til den tid kommer, da den skal gå i opfyldelse. Derved vil vi blive og ikke fæste os ved at nogen blandt os taler herom så giftigt og spottende, men trøste os med at de ikke er værd at bryde sig om og lade dem snakke så længe, de lyster. For de er blinde og blindes vejledere, som Kristus siger om farisæerne. De har sin del og kan ikke blive højere straffet. For om de var det værd, skulle de også med os tro Guds Ord. Derfor siger vi til dem som Paulus i ApG 13, 46 til sine jøder: "Siden I afviser Guds Ord og ikke anser jer selv for værdige til evigt liv, så vender vi os til hedningerne." Men tak du Gud, at han har givet dig nåde samt kaldet og gjort dig værdig til den forståelse, at du tror det, og lad dem være med sit bespotten, spisen og drikken. De lever som svin, som ligger på maven og smæsker sig for at snart at blive slagtet.

Sådan kan du værge og beskytter dig imod alle slags skadelige gifte, idet du siger: Jeg vil høre, hvad Guds Ord siger, og blive derved. For det er bedre end denne snak. Det er nyttigt, helbredende, af Gud givet og har bestået fra verdens begyndelse og skal forblive indtil enden. Og jeg vil gøre, som en from datter bør gøre, når hun hører en utugtig mand eller bliver lokket af en ond skøge til utugt, idet du siger: Sådan har min moder ikke lært mig, og hende vil jeg hellere følge end nogen anden; for hun lærer mig helt sikkert ikke noget, som er ondt. Som også en from søn ikke bør adlyde, hvad enhver vil sige til ham for at forføre ham, men sige derimod: Dette er ikke ret, for sådan har min kære fader eller lærer ikke lært mig. Som nu sådanne børn holder sig efter forældrenes ord imod dette gift, at det ikke skal skade hjertet, sådan bør en kristen holde sig ved Guds Ord, så at han slår denne hedenske og gudløse snak imod troen fra sig og forbliver ved det, som han er døbt og kaldet til og som er hele kristenhedens tro og liv.

v34. Bliv for alvor ædru, og synd ikke! Der er folk, som ikke vil vide noget om Gud. Jeg siger dette til skam for jer.

Disse ord tilføjer han her for desto mere eftertrykkeligt at formane og advare dem mod onde taler og viser, hvordan de skal bære sig ad for ikke at blive forført. Han vil sige sådan: Se til, at sådanne snakkehoveder ikke finder jer slumrende eller søvnige eller ørkesløse og doven. For dermed har I allerede givet rum og åbnet døren for alle snakkehoveder og forførere. Som jeg ofte har sagt og siger endnu, at det er en ganske skadelig last, som hedder *kedsomhed* eller som man hidtil har kaldet den, men ikke ret forstået det, *træghed til gudstjenesten*, når man bliver mæt af prædikenen og siger: Ak jeg kan det selv og har ofte hørt det og kan læse det hjemme, hvis jeg vil. Hvorfor skal jeg altid høre et og det samme? Og så går man sin vej og mener, at man har skatten i rigt mål, så at intet kan fejle en. Men Paulus siger her tværtimod: Se til og vogt dig, at du ikke må blive alt for sikker og synes, at du kan det for vel! For det skal visselig bedrage dig. For selv om man passer på, så koster det besvær, hvis ikke en ond tale hemmeligt skal snige sig ind, inden man bliver klar over det.

Derfor er det nødvendigt, at vi altid våger og er forsigtige og lever agtpågivende, så at vi ikke overraskes eller selv farer vild. Så at ikke det samme overgår os som dem, der uforudset farer til Djævelen. Herpå bør du tage et eksempel af en ugudelig mand, som jeg har set og som ikke lod hører noget andet, når han åbnede munden, end idel tusind djævle, når han snublede eller stødte imod noget. Han blev ofte advaret af sine venner, at han skulle aflægge det sprog. Han kunne jo risikere, at den person, som han nævnte, straks stod foran ham. Men han slog det hen i vejret og sagde: Ak, kommer det derhen, så véd jeg vel selv, at jeg skal glemme det ordvalg. Men det skete ikke længe derefter, at han gik over en bro, og da han ikke så sig godt for snublede han og faldt ned i vandet og svor i det samme efter sin sædvane: ”Så for tusind djævle.” Da kom også Djævelen og brækkede halsen på ham og tog ham, som han ønskede. Sådan kan det også gå sådanne sikre ånder, som anser sig så lærde og sikre, som om de ikke behøvede høre eller læse eller tænke derpå, at Djævelen hemmeligt sniger sig ind i dem med ond tale og onde indgivelser, så at de mister Kristus og Ordet og Djævelen får magt med dem efter sin vilje.

For jeg har selv ofte prøvet og erfaret, hvordan Djævelen listigt kan føre en fra Ordet. Ser han, at jeg er rustet og omgås med Guds Ord, så lader han mig være i fred. Men om han kun får så

134

meget luft, at jeg ikke tænker derpå uden omgås med andre sager, *så giver han mig snart et stød, så det falder mig svært atter at gribe til Ordet.* Hvad skulle da ske, om jeg var så sikker og syntes at være så lærd og ville have pause et halvt eller et kvart år med at prædike eller høre og læse Ordet, når jeg har så meget at gøre, at jeg afholdt mig fra dagligt at studere og bede.

Derfor, hvis I ikke vil blive forført, siger han, og miste det I har, så må I være vågne og ikke snorke, så at I driver dette Ord, hvormed I kan forsvare og værge jer mod et så ondt uhyre, at den ikke sniger sig ind blandt jer. For i jeres magt står det ikke at hindre, at ond tale opkommer, heller ikke kan I undgå at høre det af verden. Men da bør I våge, så at I ikke giver det noget rum, men alle steder værger jer, hvor som helst det ytrer sig. For Djævelen sover og snorker sandelig ikke, men han angriber dig på alle sider, hvor du kommer. Derfor må du også våge derimod, så at du alle steder er rustet med Guds Ord, hvor du går eller står, hjemme eller ude, i kirke, i dit kammer, ved bordet og når du omgås andre mennesker. Som også Gud befalede sit folk, at de alle steder skulle male og skrive Guds bud for øjnene, så at de altid kunne se derpå og dermed værge sig imod enhver slags lokkelse og anstød.

En sådan flid og omsorg med Guds Ord mener han med ordet ”ædru” eller ”vågen” og kalder det ikke slet og ret ædru, men for alvor ædru eller vågen, at det kan kaldes at våge ret og saligt, det vil sige, efter Guds Ord. For verden er også vågen i sit væsen, men ikke efter Guds Ord. Men det er en ret vågen at våge i Guds Ord, hvormed man slår Djævelen og hans forgiftede pile tilbage og vinder sejr. Derfor hedder det ikke at våge, som en vægter våger i en by for at ingen skal angribe den og gøre skade, eller som en herre eller frue våger i sit hus, for at alt tjenestefolket skal være rettidig oppe om morgenen og udrette det, som er at gøre. Dette hører til det styre, som er over by og hus, så at enhver passer sin opgave og alt går ret til. Men det bør våges sådan, siger han, at man ikke synder. Verden bør våge imod fattigdom, ufred og fjender, at det må stå vel til både med land og folk. Men vor vågen tjener til, at synden skal ophøre samt retfærdigheden opkomme og bibeholdes, troen og kærligheden regere og vantroen udryddes. Hertil fordres, at man altid og alle steder bruger og driver Guds Ord med alvor og med ivrighed farer derefter, gerne hører, synger, taler og læser det imod den skændige kedsomhed og træghed, som jeg har nævnt, så vi må have vort slot og vor fæstning vel forvaret og slå alle angreb tilbage, at ikke Satan må kunne snige sig ind. Ellers, om ikke jeg eller andre prædiker med flid og du ikke hører eller øver dig deri, men mener du kan det for godt, så er det ikke at våge eller værge sig, men at slumre og hænge med hovedet, ja, snorke midt mellem Djævelens geværer og spyd, så at han får et godt og sikkert sted at bryde ind og kan bestige slottet uden al besvær.

For sådan gik det også korintherne, da Paulus ikke mere var hos dem og mange af dem var sikre i den tanke, at de var lærde nok og kunne alt. Da kom Djævelen blandt dem med sit ugræs og sin onde snak imod denne artikel, så at de efter deres tanker, uden Guds Ord, grublede derover og holdt for, at opstandelsen allerede var sket. For de ville ikke anses for rent ud at benægte denne artikel imod Paulus' prædiken; for da havde man ikke så let troet dem. Men de gav fornægtelsen et smukt skin, tog Paulus' ord og tolkede dem, som det syntes dem bedst og sagde, at man ikke burde forstå dem i en så grov mening, at de døde atter skulle fremkomme legemligt; men de måtte forstås sådan, at vi alle i dåben var opstået fra det døde væsen i synder og onde gerninger, og nu var kommet ind i et nyt, fromt og ærbart levned.

Dette var en overmåde sød gift og den trængte vældigt ind, som det også endnu skulle gøre, om man med prægtige ord tolkede og indprentede det i de mennesker, som ikke er vel trænet til en ret forståelse af Guds Ord. Hele flokken skulle straks plaske efter og sige: Ja, det er sandelig ret. Det har vi ikke tidligere forstået eller hørt udlægges sådan. Sådan gør de også med nadveren og dåben. For når de ikke tør benægte Kristi klare ord, at Kristi legeme og blod er nærværende, *så siger de, at han kun er nærværende på åndelig måde.* For, siger de, hvordan skulle han kunne lade sig legemligt håndteres og spises også af de ugudelige? Sådan har de også lavet denne artikel om og strøget en skøn farve på sin fortolkning, så at det behaget den menige flok godt, især når det prædikedes af dem, som havde et stort anseende som apostlenes disciple og medarbejdere.

Men siden kom andre som påstod, at opstandelsen ikke burde forstås om kødet, men kun om sjælen og anførte til bevis herpå just det, som Paulus siger i vers 50 i dette kapitel: "Kød og blod kan ikke arve Guds rige." Når vi nu er kød og blod, så mente de, at kroppen ikke kunne opstå igen, selv om de var tvunget til at erkende, at Kristus var opstået, ikke kun med sjælen, men både med krop og sjæl, som han var blevet født og døde. *Derfor hedder vor artikel også udtrykkeligt: "Kødets" opstandelse, at denne krop, som nu dør bort, atter skal fremkomme og bliver levende, ligesom Kristus legemligt er opstået af graven.* Dette er den rette tolkning af denne artikel, selv om det er sandt, at Skriften undertiden taler om en *åndelig opstandelse*, når den befaler os at træde fra synden ind i et nyt åndeligt liv, som sker gennem troen og dåben allerede i dette liv. Men i denne artikel tales det om, hvordan vi efter dette liv, når vi er døde, skal opstå.

Derfor har det af ingen værdi, da de her tolker Paulus' ord, at kød og blod ikke kan arve Guds rige, som om det var Paulus' klare mening, som han skulle drive hele dette klare kapitel igennem. For her mener han med kød og blod intet andet end den sygdom og det onde, som vi har fra Adam, nemlig det syndige og dødelige væsen, ond lyst og al slags skrøbelighed i kød og blod. I det andet liv skal alt være rent, uden synd og skrøbelighed. Derfor må alt det nu forgår, vi har på os af kød og blod, at vi på den dag må blive helt nye til krop og sjæl. Deraf følger nu ikke, at vi ikke skal opstå legemligt med kød og blod, *for i så fald må vi også sige, at Kristus ikke havde kød og blod efter sin opstandelse.* Se dette var den onde snak, som var indført hos korintherne, ikke igennem fremmed eller lave og ringe personer, men gennem deres egne brødre, som skulle være de fornemste og lærdeste og som havde embedet blandt dem, så at Paulus må formane og advare dem at vogte sig allermest for deres egne brødre.

Derfor slutter han også med hårde ord og siger: "Der er folk, som ikke vil vide noget om Gud. Jeg siger dette til skam for jer." Som ville han sige: Er det ikke synd og skam, at det hos jer er kommet derhen, I som så rigeligt har hørt al min prædiken, at dette bliver lært bland jer og af jeres egne og at I er faldet i en sådan blindhed, at I næsten ikke har mere tilbage af Guds Ord? Hvad skændigere kunne man sige om jer, end at I, som burde være de lærdeste og bedste kristne som mine fornemste disciple, har ladet denne ukristelige snak få så stort indgang, at mange af jer holder Gud og hans ord for blot intet. Derfor må jeg formane jer til at se, hvordan sådanne er hjemfaldet, og lade det være jer en advarsel, så det ikke må gå jer sådan.

Det kalder han, ikke at vide af Gud, at man ikke véd eller agter Guds Ord, al den stund at den, som vil kende Gud, må lære ham at kende gennem Ordet. Det gør de ikke, men de farer med fornuften og deres egne tanker ind i troens artikler og tager sig myndighed til selv at dømme om Gud og al ting. Da træffer de ham aldrig. For det har jo ikke vokset i deres hoved, hvad man prædiker om Kristus og det kommende liv. Sådan digter de også efter sit hoved, når de hører om opstandelsen, at den intet andet er end at opstå fra synden og blive from. Deraf véd Guds Ord ikke, når det taler om denne artikel.

Derfor betyder dette blot at gå vild og komme længere og længere væk fra Ordet og Guds kundskab, som en blind går vild i den lyse dag og aldrig kan finde tilbage igen. Og når de, som lærer, selv fejler med Guds Ord, så fører de den stakkels flok efter sig, og den ene blinde leder den anden så længe, til de slet intet mere har tilbage af Guds Ord, men *kun omgås med sin egen opdigtede drøm, hvormed de forfører sig selv og andre.* For de kalder det Guds råd og vilje, at ikke kødet eller kroppen, men kun ånden eller sjælen skal opstå, hvilket dog ikke er hans vilje eller mening. Derfor véd de jo intet om ham, og af dem blive sådanne mennesker, som Paulus andetsteds siger, som vil være mestre i Skriften, men ikke selv véd eller forstår, hvad de siger eller hvad de mener. (1 Tim 1, 7). Tag jer derfor i agt, vil han sige, for dem og se ikke efter, hvor højt de er agtet for kristne brødre eller prædikanter, men se til, at I sikkert har Guds Ord og holder jer derved! Da skal I ikke fare vild eller tage fejl, men I skal retteligt kende og prøve Guds vilje og råd.

v35. Men nogen vil spørge: Hvordan opstår de døde, og hvad slags legeme får de?

Hidtil har de set, hvordan apostlen med stort alvor har behandlet denne artikel og vist sig ivrig efter at gøre den vis og advaret sine korinthere om, at de skulle se sig for, at de ikke gennem anden ond snak skulle blive bedraget og forført. Nu begynder han at gøre en tilføjelse til at imødegå deres indvending, som de har opspundet af fornuftens kloghed, hvormed denne artikel slet ikke stemmer overens. Mange urimeligheder må følge, om de skulle dømme derom efter deres forstand og mening, så at de derigennem enten må holde denne artikel for løgn eller også med sin fornuft og sin tolkning dreje den sådan, at den i nogen måde kunne rime sig med fornuften.

Og de har sandelig været hårde karle, som Paulus med deres ord her indfører. De kunne ikke kun behændigt vride og forvende denne artikel, men var i deres egen mening også de største mestre i at håne og bespotte den legemlige opstandelse. Kære, hvordan skal det dog gå til, sagde de. Hvad skulle de have for kroppe, eller hvad for et væsen skal det være? Regn selv efter! Om vi alle atter skulle blive levende og enhver have sin krop med sig, som han her har levet, så ville en stor og uberegnelig mængde komme sammen. Hvad skulle de da alle få at spise og drikke? Hvorfra skulle man få så meget korn og føde eller så mange okser, svin og får, at de alle kunne spise? Hvor mange mennesker er ikke i hele verden døde blot på to eller tre hundrede år? Jeg vil ikke sige på tusind og atter tusind. Alle disse skulle vel på en dag fortære alt det kød og brød, som findes på jorden. Og hvor skulle de siden tage tøj og sko, og alt, som hører til kroppens fornødenheder? Kan vi allerede nu knapt lykkes med at opretholde os med det, som vi har, hvad skal da ske, om verden skal blive så fuld og enhver skal have hustru og børn, hus og hjem og stadig formere sig. Da må jo verden sandelig bliver for trang også for enhvers egen krop. End mindre skulle jorden kunne bærer tilstrækkeligt med frugt og grøde for alle mennesker og alt kvæg.

140

Ja, hvad skulle det blive af, hvis vi atter skulle komme sådan sammen og lever som nu? For når jeg opstår, så opstår også min hustru og også mine børn, ja, min fader og moder, samt deres far og farfar og så videre. Og min herre og landets fyrste, samt dets far og farfar. Hvor skulle da alle kejsere, konger, herrer og fyrster tage hen? Skulle de alle sammen i fællesskab fra sin første stamfar have hver sit land og regimente? Skal der i en by være så mange herrer, i et hus så mange husbønder, tjenestefolk på én gang, som før har været efter hinanden? Ligeså, om en man har haft mange hustruer og atter skal tage dem til sig alle sammen, hvordan skal man da fordele dem og ernære sig af samme arv og gods, fra fader og fader til børn og børnebørn? Hvem vil give den anden tilbage, hvad han har fået gennem arv? For dette og uberegnelige flere urimeligheder må visselig følge efter deres forstand, om alle mennesker fra verdens begyndelse atter skulle opstå legemligt, som vi nu er. Og med sådanne spørgsmål vil de være mægtig kloge, duelige og vise. Det synes dem, at de med kraft havde kastet denne artikel over ende, så at den må blive slet intet, så vidt Paulus nu var blevet ret forstået og ikke mente noget andet.

Men Paulus påviser deres uforstand med klare ord og forkaster alle sådanne spørgsmål og spidsfindigheder, hvad vi skal have for kroppe og hvordan det skulle rime sig, hvis kroppen skulle spise og drikke, spytte, klø sig, fordøje føden og komme af med det igen, være syg og skrøbelig som nu, og enhver atter være en ægtemand, hustru, tjener, som han har været inden, og mere af dette. Han svarer kort derpå: Nej, intet af alt dette, hverken det ene eller det andet, men det skal gå sådan til: Hvad som er skabt til et menneske, det skal forblive et menneske, både mand og kvinde. For sådan har Gud skabt dem, siger Skriften, nemlig som mand og kvinde, og han vil ikke ændre sit skabte værk. Derfor må ethvert menneskes krop blive just den samme, som den er skabt til. Men den skal ikke spise, drikke og hvad derpå følger eller avle børn, holde hus, regere osv. For Gud har adskilt dette, nemlig køn eller natur og så embede eller stand på jorden, som han har forordnet og indstiftet efter skabelsen. *Efter opstandelsen forbliver kroppen sig selv lig, men ikke kroppens brug.* For det er ikke noget skabt, at mennesker er en tjener, fader, moder, herre, fyrste, konge, men det er en ordning blandt skabningen. Derfor skal kun det blive tilbage, som er skabt på mennesker, på alle lemmer, og alligevel skal man ikke bruge dem til sin nødtørft, som man nu må gøre, men det skal blive sådan, at man intet skal behøve, hverken spise, drikke, fordøje føden, udrense, eller bo som ægtemand eller hustru, avle børn, bruge marken, regere hus eller by. Alt skal ophøre som hører til disse timelige gaver og dette væsen, som hører til det forgænge-lige liv. Som også Kristus lærer, da han siger i Matt 22, 30: "I opstandelsen hverken gifter man sig eller giftes bort, men er som engle i himlen."

Dette kan de hedenske og verdenskloge mennesker ikke for-stå. For de ser og tænker ikke videre end efter sit svinagtige ho-ved, hvordan det går med dette liv, og kloger sig derfor sådan og sige: Skal mennesker atter blive levende, så må han også spise, drikke, holde hus, osv. For hvordan kan han ellers beholde livet? Skulle vi da altså komme sammen og lever sammen, så skulle det blive et mærkeligt, udueligt og uordentligt væsen, så at vi hellere skulle ønske, at vi måtte forblive døde. Derfor kan det ikke være noget bevendt med dette. Fra hvilken side man ser det, så vil det ikke rime sig. Ja, visselig rimer det sig ikke, om man spørger fornuften om hvordan det skal gå til i det liv, om hvilket det hverken skal eller kan vide noget. Og det er sikkert, at hvis

142

det ikke skulle være anderledes end fornuften kan fatte, så ville ej heller jeg begære noget andet liv.

Men det hedder, at man ikke bør dømme efter vor fornuft, men efter Guds Ord om, hvordan det skal gå til. Og det lærer os, at det ikke skal blive dette gamle, skrøbelige, men et nyt, rent, evigt liv; så at maven ikke skal behøve nogen næring, heller ikke kroppen noget mere til livets ophold, og det skal ikke være ulige stillinger, ingen fyrste, herre, prædikant eller undersåt, som jeg også allerede har sagt, men de skal have alt i Gud selv, og han skal være alt i alle. Derfor må det blive *et helt andet, skønnere og renere væsen uden al skrøbelighed og brist.* Hvad havde Gud ellers gjort, om det ikke skulle være anderledes, end at mennesker altid skulle bære på sin vom og stinkende sæk samt evigt fylde sig og give fra sig, have en uren, løbende næse, svagelig og syg? Og hvorfor skulle vi prædike, tro og lide, hvis vi ikke håbede noget bedre? Men nu må alt dette ophøre med dette liv, og alligevel skal kroppen forblive, både som mand og kvinde, *alle i en lige stand og væsen.*

Dog er det også sandt, som vi herefter videre skal høre, at der i det andet liv skal være en forskel, efter som de her har arbejdet og levet. Som at Paulus har været en apostel, Samuel eller Esajas en profet og mere lignende, så at *den ene skal have en højere klarhed end den anden,* når han har gjort eller lidt mere i sit embede. På den måde skal den fromme Sara eller Rakel være noget særskilt frem for andre kvinder, men dog ikke være et andet væsen eller liv. Sådan skal enhver have forskel og ære efter sit embede, og dog skal der være en Gud og Herre og samme slags glæde og salighed hos alle. Til personen skal ingen have mere end den anden, Peter intet mere end du og jeg; men alligevel skal der være en forskel med hensyn til gerningerne. For Gud har ikke gennem Paulus gjort det samme som gennem Esajas og modsat. *Derfor skal enhver have sin gerning med sig, hvor igennem han skal lyse og prise Gud,* så at man skal sige: Peter har gjort mere end jeg eller nogen anden. Denne mand eller denne kvinde har levet sådan og gjort så meget. *Kort sagt: Alt skal være lige for Gud i troen, i nåden og det himmelske væsen, men i gerningerne og deres ære skal der findes en forskel,* ligesom der af samme jern gøres et søm, en nøgle eller. en lås, eller som af samme dej eller ler gøres mange slags ting. Alt er af samme materiale, men bliver alligevel ikke brugt og anvendt på samme måde.

Dette er kort sagt det svar, som Paulus her giver på dette spørgsmål og indvending næsten indtil slutningen af kapitlet, både hvad vi skal have for kroppe efter opstandelsen og hvad det skal være for et liv, nemlig at *kroppen skal opstå uden al skrøbelighed, forherliget og ren og ikke behøver noget, som hører til dette forgængelige væsen, og alligevel skal den ene være forskellig fra den anden i klarhed.* Dette begynder han at forklare med et billede. For da fornuften ikke forstår, hvordan det skal gå til, og ej heller tror Ordet men alligevel vil kloge sig derom, så må man stoppe munden til på det med håndgribelige lignelser, som er taget fra dette liv, så at det kan se og tage på, at det ikke går til sådan, som det drømmer. Og først tager han nu et billede fra alle slags frø, hvordan de vokser op af jorden.

v36-38. Tåbe! Det, du sår, får ikke liv, hvis ikke det dør. Og det, du sår, er ikke den plante, der kommer op, men et nøgent korn, enten af hvede eller af en anden slags. Men Gud giver det den skikkelse, han vil.

Han bliver ligesom vred derover, og det gør ham gal, at skrighalsene driver deres vrøvl, som om de var meget kloge. Derfor udbryder han og siger: Du dåre! Som ville han sige: Af dine egne ord hører man, at du er en dåre og slet intet tror, og alligevel vil du kloge dig om dette efter dit gale hoved. *For den hedder i Skriften en dåre, som ikke i Guds sager dømmer efter Guds Ord, men efter sin fornuft og sine sanser,* som man ser og kan tage på, som også en ko eller et svin godt kan gøre. Sådan gør også du i denne artikel. Når du ser og forstår, at mand og kvinde her må komme sammen, holde hus, passe marker og dyr og arbejde, at de må have noget at spise og drikke, så vil du heraf slutte, at det også må være sådan i Himlen. Og du ser ikke de daglige eksempler, hvordan det går til, at sæden hvert år vokser på marken. For om du også her ville gøre din udregning, efter som du ser kornet ligger i laden eller i sækken, og ville gabe efter om noget skulle vokse, hvad ville der blive ud af det? Sandelig slet intet, men kornet skulle forblive, hvad det er, til evig tid. Men skal noget vokse, så gå ud og så det på marken og begrav det i jorden! Så skal du se, hvordan der vokser et helt andet væsen op og en helt ny krop. Du kan ikke mere sige: Der står mit korn, som det lå i sækken. For det er forrådnet i jorden og er blevet til intet. Og alligevel! I forrådnelsen og formuldningen, når det intet mere duer til, får det som det først en rod under sig og en stilk eller et strå over sig og et skønt aks, som er helt med nye korn. Da er det tidligere korn blevet så aldeles til intet, at man ikke kan finde noget igen deraf, og dog er deraf blevet et nyt korn.

Dette ser du daglig for dine øjne og det er så almindeligt, at det næsten er en skam at give en sådan lignelse; og alligevel vil du spørge og disputere om, hvordan det skal gå til i opstandelsen? Mærker du ikke, at her er lige for næsen af dig sat et spejl og billede, som du kan tage på? For gør Gud dette af et lille er dødt korn, skulle han så ikke af os, til hvem han har skabt og givet himmel og jord, gøre et andet, langt bedre og herligere væsen? Derfor må du jo være en dåre. Det er dig malet for øjnene og trænger sig ind i alle dine fem sanser, hvordan hvert korn mister sin skikkelse og hele krop og alligevel ikke ødelægges, men atter skrider frem meget skønnere med blad og stilk samt får en skøn skikkelse, så at du skulle undre dig til døde, hvis du ikke havde set det før. Og alligevel vil du ikke tro, at Gud skal gøre med os, som han har lovet, at han vil opvække og forvandle os og gøre os meget klarere og skønnere, end noget skabning nu er på jorden, som han herefter videre siger.

Og se, hvilken ypperlig maler Paulus her bliver, som maler og beskriver opstandelsen i alt det, som vokser på jorden, i det han sammenfatter alt sammen i det ord, "det du sår", nemlig alle slags frø og afgrøder. Alt dette tager han til eksempel eller afbildning, hvorved han vil indprente denne artikel og stille den for øjnene alle steder. Skønt han forud har bevist den klart med Skriften og Guds Ord, så at det allerede dermed havde været nok. For den, som ikke vil tro og ikke vil lade sig bevæge gennem Guds Ord og eksempel og gennem det kendskab om opstandelsen, som begyndte i Kristus, for ham prædiker man også forgæves gennem lignelser og afbildninger. Nu burde det jo være nok for en kristen, når man hører Guds Ord, at man atter skal fremkomme levende af jorden med krop og sjæl og alle sanser, og man burde holde dette for sandt og sikkert, når Gud har talt det og burde ikke spørge videre, hvordan det skal gå til, men overlade det til ham. For den som kan så meget, at han med et ord atter kan opvække alle døde af jorden, han véd og forstå at give dem en sådan skikkelse og et væsen, som er tjenligt og passende for det himmelske og evige liv.

Men til sagens stadfæstelse indlader han sig alligevel i denne drøftelse, hvordan det skal gå til, som han også viser og afbilder gennem disse timelige skabninger, nemlig igennem alt det, som vokser på marken, ja og, som vi fremdeles skal høre, gennem de himmelske skabninger. For den, som tror Guds Ord, at Kristus er opstået og at vi gennem ham også skal opstå, for ham *tjener sådanne billeder også godt ligesom et klæde og en pung, hvori man kan lægge og bærer denne artikel hos sig.* For til det formål plejer man at bruge lignelser og afbildninger, at man desto bedre må fatte læren og stedse bærer den i hjertet. De står nemlig daglig for øjnene og må påminde os den. Sådan afmaler Skriften Kristus og hans kristenhed som en brudgom med sin brud. Dette daglige eksempel og lignelse tager han nu her og indfatter vor hovedartikel deri, så at den er levende og let at gemme for dem, som tror den. For den, som ikke tror forud, at Kristus er vor Frelser, gennem hvem vi bliver retfærdige, rene, hellige og med ham aldeles én krop, hos ham kan heller ikke en sådan lignelse udrette noget.

Sådan gør her Paulus ud over det blotte Ord og prædikenen, som han hidtil har fremholdt, om opstandelsen en fin afbildning og lignelse, i hvilken også en enfoldig let kan fatte og beholde denne artikel, når den er så almindelig, at enhver daglig har den for øjnene. Hvis du derfor på marken ser en bonde eller gartner gå og tage i sin sæk samt kaste og strø det omkring, så har du et skønt billede og afbildning, hvordan Gud skal opvække de døde. Men du må forud tro denne prædiken. Siden kan du afbilde det for dig og tænke, at Gud er en sådan landmand og du hans korn, som han kaster på jorden, så det samme atter må fremkomme meget skønnere og herligere. Men han er en meget bedre og dygtigere landmand end en bonde på marken, og han har en sæk at bærer, som er fuld med sæd. Det er vi mennesker, så mange som er kommet på jorden helt fra Adam indtil den yderste dag. Dem strør han omkring sig på jorden, kvinde og mand, stor og lille, ung og gammel, for den ene er for ham som den anden, og hele verden er intet andet for ham end for bonden den sæk, han bærer om halsen. Derfor, når han lader mennesker dø, især mange gennem pest, krig eller andet, så betyder det, at han tager i sækken og strør omkring sig med hele hånden fuld.

Nu, hvad gør og tænker en from landmand, når han sådan udstrør sit korn, så det synes, som var det idel forgæves besvær og skade? Han må jo være en tåbelig mand, som med vilje spilder sit korn. Spørg ham selv, så vil han straks sige: Kære hør! Jeg bortkaster det ikke derfor, at jeg vil miste og fordærve det, men for at det atter må vokse op på det herligste samt bærer og give meget mere for hver håndfuld. Nu synes det vel, som om det er forgæves udstrøet for fugle og orm, men lad det komme op til sommer, så skal du se, hvordan det vokser, så at der af en håndfuld skal blive ti andre. Det er hans tanker. Han ser ikke på, at sæden falder til jorden og må fordærves; men han ser og venter efter den kommende sommer, som til fulde og i rigt måde skal erstatte ham det. Han er så vis og sikker, at dette korn skal vokse op, som så han det allerede stå der, ja, meget sikrere end på det, han har i hånden. Ellers var han jo ikke så gal, at han til ingen nytte og forgæves skulle kaste det bort.

Se, sådan skal vi også lære og vænne os til at tænke, at det for Gud er samme sag, når han kaster en flok på kirkegården en her, en dér, eller i dag tager fat i mig, i morgen en anden og altså kaster den ene først, den anden side som sit korn eller sin sæd i jorden. Dette synes os ikke anderledes end som var det nu aldeles ude med os og som skulle vi nu forgå til evig tid. Men han ser og tænker meget anderledes og gør det kun, så sådanne korn efter dette usle væsen i den skønne kommende sommer atter må fremkomme med den allerskønneste skikkelse. Og det er for ham just så sikkert, som var det allerede sket. Men for os er det derfor skrevet og så skønt afmalet, at også vi skal fatte samme tanker, når vi ligger på vort dødsleje, og ikke fæste os ved at vi ikke ser og fornemmer andet, end at man skal nedsænke os i jorden, og intet andet hører end hulk og gråd, som var det aldeles ude med os. Vi skal rive sådanne menneskelige tanker ud af hjertet og indtrykke disse himmelske og guddommelige tanker, at det *ikke hedder begravet eller fordærvet, men sået og plantet af Gud selv som hans korn eller sæd.*

For her duer det ikke at dømme efter, som vi ser og kender, men det skal dømmes efter Guds Ord, ligesom vi om det naturlige korn, som sås og som vi ser kastes i jorden og forrådne, ikke tænker i overensstemmelse med dette syn, men efter hvad vi véd, at det fremdeles skal blive af dette, selv om intet just nu kan mærkes deraf. For sådanne tanker er ikke vort eget digt, men ligesom vi *i det timelige væsen henter og griber vores tanker fra Guds værk,* som vi årligt ser for øjnene, sådan taler vi også her *om det kommende væsen efter Guds Ord,* som er sandfærdigt og sikkert og lige så lidt kan fejle, når den tid kommer, som hans nuværende skabelse og værk fra begyndelsen har opvist nogen brist.

Derfor er Paulus en stor mester, som så smukt og trøsterigt kan afbilde denne artikel. For et sådant maleri havde intet menneske kunnet finde på, at han af det, som hele verden holder for er dødt, skulle gøre et afbillede af livet og afmale det i så enkle og ringe ting, som alle slags frø og korn på marken og så vise, at man ikke skal anse et menneskes død anderledes end udspredning af sædekorn på jorden. Om det selv kunne se og kende, hvad der foregår, skulle det også i anledning deraf tænke, at det nu var fordærvet til evig tid. Men landmanden skulle sige noget helt andet og beskrive eller male det sådan, som om det allerede stod der og opvokset med en skøn stilk og et skønt aks.

Sådan må vi også lade det afmales og afbildes i hjertet, at når man nedsænker os i jorden, så betyder det ikke, at vi bliver ødelagt og fordærvet, men at vi er blevet sået og plantet og at vi just derigennem skal stå op og vokse til et nyt, uforgængeligt liv og væsen, som er uden al skrøbelighed. Og vi må herefter lære at tale et nyt ord om døden og graven. Når vi dør, så bør det ikke hedde at vi er døde, men at vi er blevet sået til den kommende sommer. *Kirkegården eller graven bør ikke kaldes en samling af døde, men en mark fuld af korn, som benævnes Guds korn og som atter skal grønnes og vokse op skønnere end noget menneske kan begribe.* Dette er ikke et menneskeligt og jordisk, men et guddommeligt og himmelsk tungemål; for dette finder man ikke i nogen af alle de lærdes og vises bøger på jorden. Om du end læser alle historier, filosoffer og statsmænds bøger, så skal du dog ikke finde et bogstav eller et ord af denne afbildning eller høre denne tale, at der af døden skal blive et nyt, andet og evigt liv og at, når mennesker dør, det skal hedde, at de er blevet sået; men altid kalder de det at være fordærvet til evig tid og blevet til intet, så at intet mere er videre at håber på eller vente. Efter disse taler også den sikre flok, som hedder de nydelsessyge, både blandt messepræster, adel, borgere og bønder: Mener du, at det nogensinde bliver et menneske af denne? Og det er dem et aldeles fremmed og ubekendt ord, når man taler til dem om opstandelsen eller evigt liv.

Men hos de kristne bør dette ord være bekendt, almindeligt og gængs. For når de er andre mennesker, som ikke mere lever eller taler jordisk, men himmelsk som Guds børn og englenes venner, så må de også *bruge et andet tungemål.* Derfor har de også en anden mester nemlig Helligånden, som gennem Ordet lærer dem at forstå og tale dette himmelske tungemål. Når jeg nu ser min fader, moder, broder, søster, barn eller ven begravet og ligge under jorden, så skal jeg som en kristen ikke sige: Her ligger et stinkende lig eller knogler, men: Her ligger min kære fader, moder, barn, ven, fyrste og herre, osv., og jeg skal i dag eller i morgen være hos dem. Hvad er de? Idel korn, som snart skal vokse op, udødelige og uforgængelige, meget skønnere end den grønne sæd på marken, når det bliver sommer. Dette er at taler herom på himmelsk tungemål, som Gud og hans engle taler. Derfor uagtet verden ikke kan eller forstår dette tungemål, *så må vi dog lære os at bøje tungen og gøre øjnene klare, så at vi kan se og taler derom som Guds Ord.*

Se, det er det maleri eller billede, som Paulus stiller for øjnene på os kristne, som forud tror Guds Ord om denne artikel. Han tager til dette billede næsten alle skabninger samt overøser og nedsænker os i eksempler, så at, hvor vi ser hen, finder vi alle steder tilstrækkeligt med eksempler og lignelser. Og enhver bonde har, skønt han ikke kan læse, alligevel denne artikel alle steder daglig for øjnene, så at han kan tage derpå. Kort sagt: så mange levende vidner har vi om opstandelsen som der er sæd eller frøkorn, som man ser sås og vokse op på marken eller i haven, så at man må sige: Altid kommer livet af døden.

Gå om vinteren ud i en have og se, hvordan der ser ud, hvor alle slags urter og træer vokser, så ser du, at alt sammen er aldeles dødt. Men kommer du her om sommeren, så er det helt anderledes, da står det grønt og med blomster, da er idel glæde og

liv imod denne kedelige og døde vinter. Men mener du ikke, at
det skulle være et stort værk og under, hvis vi ikke havde set det
før, at af en lille kerne gøre et skønt æbletræ eller kirsebærtræ,
som for én kerne bærer tusinde æbler eller kirsebær? Men dette
agter man ikke på, men går forbi og spiser og drikker kun af alt
det, som vokser, som et svin ellers løber over marken eller roder
i haven og æder, hvad det finder. Men den, som er et svin, må
være det. For dette billede er ikke malet eller skrevet for svin,
men for kristne, at de må have sin lyst og glæde deraf, når de ser
en sådan skøn blomst og frugt, og sige: O, hvor trøsterigt det er,
at det grønnes, blomstrer og vokser så skønt! Hvor sørgeligt og
jammerligt stod det derimod til for et halvt år siden, da alt var
frosset og dødt i jorden! Det må være en fortræffelig Gud, som
af den døde vinter kan gøre så skønne levende ting. Kære, hvad
mener han dermed, eller hvad mon det dog betyder? For det er
jo sandelig gjort sådan for vor skyld, at vi skal lære ham at kende
deraf, og han fremstiller sit værk for os til et forbillede på, hvad
han vil gøre med os, for hvis skyld han har skabt alt dette. For
da han af en død kerne eller et dødt frø hvert år gør en så skøn
ny vækst, så vil han sandelig meget mere gøre dette med os, når
også vi ligger nedsænket under jorden og tiden kommer, at en
evig sommer skal begynde, da vi skal komme frem meget skøn-
nere og herligere.

Sådan taler de kristne med træerne og alt det, som vokser på
jorden, og dette atter med dem. For de ser ikke på, hvordan de
kan æde som svin, men *de ser Guds værk, som han har afmalet
i skabelsen for at vise os denne artikel og gemme den som et
dyrebart smykke, indviklet i et klæde, til styrkelse og stadfæstelse
af den tro, som vi forud har grundet i Skriften.* For de, som ikke
tror Ordet, skønt de også ser dette Guds værk i skabningen, hvor-
dan alt opvokser af døden – som filosofferne blandt hedningerne

152

jo også har set og beskrevet – de kan alligevel ikke se dette derover eller tolke det sådan, at denne artikel synes afmalet deri. Derfor skal vi lade et sådan Paulus' maleri være os anbefalet, så at vi nøje indprenter opstandelsen i vort sind og vel lære dette nye, himmelske tungemål.

Dette er nu den første lignelse, hvormed Paulus har begyndt at svare på det tåbelige spørgsmål og den unyttige grublen over, hvad for et væsen det skal blive, om de døde alle skal opstå og hvad de skal have for kroppe? Han straffer deres uforstand, som kommer af deres grove, kødelige og hedenske tanker, ikke i dette spørgsmål at dømme anderledes, end som om det i opstandelsen i alt skal gå til som i dette liv. I overensstemmelse med disse tanker vil de så udgrunde, hvordan det er muligt, at kroppen skal komme tilbage. Og dog må de jo bekende, at intet kan vokse eller få en ny krop, med mindre det forud bliver kastet i jorden og aldeles forrådner.

Derfor bør du, vil han sige, ikke spørge meget efter, hvordan Gud vil gøre eller hvad for en skikkelse kroppen skal få, men lad du dig nøje med det, som du hører, at han vil gøre. Stil siden i hans skøn, hvad deraf skal blive. Som jeg allerede har sagt: kan han danne væsenet, så véd han også at give det skikkelse. Dog vil han vise dig et billede, hvoraf du kan mærke det. Når du ser en bonde gå på marken og kaste sædekornet i jorden, så gør han det ikke derfor, at det skal blive liggende i jorden. Da beholdt han det meget hellere hjemme i laden. Men det er hans hovedtanke, for hvis skyld han gør alt sammen, at han visselig håber på atter at få det til sommer. Og når han strør det på jorden, at det der skal forrådne og smuldre bort, så gør han det, fordi han véd, at det ellers ikke kan blive noget af det. Som Kristus også siger i Joh 12, 24: "Hvis hvedekornet ikke falder i jorden og dør, bliver det kun det ene korn; men hvis det dør, bærer det mange fold." For efter at det er dødt og aldeles har mistet sin skikkelse, så begynder det først atter på at lever og skyder skud både ned af og op, til det nye korn kommer op deraf.

Sådan gør Gud også med os. Han kaster os ikke i jorden, for at vi skal blive liggende og forgå dér til evig tid. Men han må begynde på denne måde, som om det var mistet og aldrig skulle blive noget deraf. For hvis kroppen ikke forrådnede i jorden, så blev heller ikke af den nogen ny krop. Skal den få en ny skikkelse, så må vi ligesom kornet formulde og blive til intet. Derfor må du jo være en stor dåre, siger han, om du tænker, at mennesker just derfor må blive i jorden og ikke kan komme op igen, når man der må forrådne og formulde; eller selv om man skulle opstå, at man så må beholde sin tidligere skikkelse og bliver just sådan, som man er nu. Når du selv sår dit korn i jorden, gør du det jo heller ikke i den tanke, at det skal forblive sig selv ligt og ikke få nogen anden skikkelse; men du kaster det dér, just for at det må miste sin nuværende skikkelse. Og hvor dette ikke skete, blev der ingenting af dit såen, men alt dit korn gik tabt.

Skulle da ikke Gud meget mere tænke på af os at gøre et andet væsen, skønt han nu lader os nedmulde i jorden, og fremskaffe sit korn med en skønnere og bedre skikkelse end nu, så at det mister dette dødelige væsen og får et udødeligt væsen i stedet, som Paulus siden vil slutte. For dette døde, forgængelige korn, som er kroppen, som den nu lever, hører ikke til i Himlen, med mindre den forud mister sin skikkelse og iklæder sig en ny, i hvilken den ikke mere skal spise, drikke, fordøje føden, lugte dårlig, omgås med ægtefælle og børn, hus og hjem eller have anden nødtørft, men den skal lade alt dette udrense og forgå og formulde i graven, så at den bliver helt ren og forherliget. Og du dåre vil med dine kødelige tanker tilberede en sådan Himmel til Gud, hvor kroppen daglig skal klæde sig på og spise samt atter

154

rense sig, som den nu gør. Tag i din egen barm og se på din egen gerning, hvad du gør med det korn, som du sår. Det skal vise dig, at det ikke skal eller kan gå til sådan. Da du nu håndgribelig kan se på kornet, at dets forrådnelse tjener dertil, at det skal få en anden og skønnere skikkelse – for om det forblev som nu, så fik det aldrig nogen rod og end mindre kom der stilk eller strå eller aks – skulle da ikke Gud meget mere handle sådan med sine korn? Han er en anden landmand end du, han som har skabt alting og os mennesker dertil. Da han en gang tidligere har gjort os af intet, så kan han også endnu en gang gøre os levende af graven og give vor krop en ny skikkelse. For det er jo en større kunst at gøre noget af intet end atter at gøre noget nyt og skønnere, som tidligere var til.

Se, sådan vil han bortrydde deres grove og kødelige begreb om denne artikel, som de på denne måde fornægtede. Og dette er kort sagt meningen heraf: at menneskers krop må blive forandret og ikke kan beholde den skikkelse, som den nu har, ud over det som hører til dets væsen. Intet skal blive tilbage, som hører til dette forgængelige liv, men alligevel skal det blive og være samme krop og sjæl, som enhver har haft, med alle lemmer. Alt det må mennesker slippe her, som hører til vort behov i denne verden, som ægtefælle, børn, hus, hjem, herre, tjener, mad, drikke, tøj, osv., indtil vi alle er væk og dette liv aldeles ophører og forgår og et andet skønnere liv begyndes, som skal være evindeligt. Derfor er det på ingen måde tale om hvorvidt alle i opstandelsen skal have dette væsen eller denne stand som nu eller hvordan de alle skal få mad, drik, tøj osv. For til det formål vil han gøre et nyt liv, at alt dette forgængelige skal være borte og ikke mere findes. Dertil må døden tjene, at den kommer og siger: Ophør med at spise, drikke og læg dig ned at forrådne, så du må få en ny og skøn skikkelse, som på ny skal vokse op af jorden!

v39-42. Ikke alt kød er ens, men det er forskelligt for mennesker, kvæg, fugle og fisk. Der findes både himmelske legemer og jordiske legemer; men de himmelske har én slags glans, de jordiske en anden. Solen og månen og stjernerne har hver sin glans, og stjerne adskiller sig fra stjerne i glans. Sådan er det også med de dødes opstandelse.

Tre slags lignelser sætter Paulus ved denne artikel. Først, som vi har hørt, om korn eller sæd. Den anden handler om alle slags skikkelser af alle levende dyr, fugle og fisk, den tredje om alle himmelske skikkelser, sol, måne og stjerner. Det skal alt sammen tjene os til at afmale og indtrykke denne artikel i vort sind. Nu har han gennem den første lignelse tilstrækkeligt vist, at menneskers krop i opstandelsen skal få en anden skikkelse, meget skønnere og herligere end nu ligesom kornet, efter at det er formuldet, atter opvokser meget skønnere. Og det skal blive et nyt væsen, at al den timelige nødtørft skal være borttaget og kroppen i Gud have al fylde og nok. Men i den anden og tredje lignelse vil han tolke det andet stykke, som jeg også nævnte, hvordan der også i det andet liv skal være mange slag forskelle, så at enhver på sin krop skal have sin klarhed og enhver sin særskilte ære.

Paulus' mening er kort sagt denne: Ser du ikke, siger han, hvordan Gud har gjort og givet til alle levende væsner som mennesker, kvæg, fugle og fisk mange slags kød, som dog alt sammen er af samme slags, for det er og hedder kød, skønt vi tyskere og paven ikke kalder fiskene for kød på vort sprog, men hos romerne og grækerne og alle naturkyndige, som har skrevet derom, hedder alt det kød, som er en levende krop. Som der nu findes mange slags kød, som ikke har samme skikkelse – kvæget og andre dyr på jorden har en anden skikkelse end fuglene i luften,

156

fuglene en anden end fiskene i vandet, og blandt hver af dem findes mange slags forskelle, så at man kender det ene dyrs kød igen fra det andet – sådan skal der også bliver mennesker, som skønt alle er af samme slags alligevel har mange slags forskelle, enhver efter som han har troet og handlet. Dette er den anden lignelse.

For det tredje, efter at han har talt om alle slags levende kroppe, taler han også om andre kroppe alment og går kort igennem alt kropsligt og synligt: guld, sølv, ild, vand, sten, træ, jern og hvad mere det kan hedde, som er jordisk. Siden også alt det, som er oppe i himlen: sol, måne, planeter og andre stjerner, som han kalder himmelske kroppe. Det findes nu så mange jordiske og himmelske kroppe, og alligevel er enhver i sin art adskilt fra den anden og den ene herligere og ædlere end den anden. Guld er bedre end bly, sølv bedre end strå, ædelsten bedre end granit. Og blandt de himmelske kroppe er solen herligere og skønnere end månen, og én stjerne skønnere og klarere end den anden, skønt alle stjerner har samme slags natur eller krop og skønt alle ting er Guds skabninger det ringeste så vel som det største og ædleste. Sådan skal der også i det andet liv være mange slag af forskelle i klarhed og herlighed, og alligevel skal de alle sammen være i samme himmelske væsen som Kristi krop og lemmer. Sådan findes jo også i en naturlig krop mange og adskillige lemmer, af hvilke enhver har sit eget navn og sin egen opgave, og dog har de alle en og samme krops væsen og natur.

På denne måde kunne man følge Paulus og gøre mange flere sådanne lignelser og udbrede dem så langt naturen går, hvordan Gud af mange slags kroppe gør en eneste slags krop, så at enhver har sin egen krop med en forskel, som man kan skille fra en anden, som har samme art og væsen. Sådan er der også blandt ædelsten mange navne, farver og styrker og i en og samme krop mange lemmer. Sådan ser man alle steder, hvor aldeles ubegrundet de kødelige tanker er, som gør gældende, at det må gå til i det andet liv som i dette og at man slet ikke behøvede kroppens lemmer, om man ikke skulle spise, drikke og fordøje maden. Skulle man have og bruge alle kroppens lemmer som nu, så skulle det blive en ufuldkommen tilværelse og et ynkeligt Himmerige som allerede udførligt er sagt.

Nu anvender Paulus denne lignelse på sin artikel og siger: ”Sådan er det også med de dødes opstandelse.” Han vil hermed sige: Alle skal vi opstå med krop og sjæl, men med et nyt væsen og med en ny skikkelse af kroppen og dets lemmer. Derfor skal ingen lade sig forvilde af hedenske taler og tanker, hvordan det skal rime og gå til. For skal kroppen blive forherliget, så skal også lemmerne med deres brug blive forherliget i et nyt væsen, og det skal vise sig, hvortil de skal tjene eller være nyttige, selv om man ikke skal behøve dem på den måde som nu. Alligevel skal det gå til sådan, at vi indbyrdes skal have mange slags forskelle eller klarhed. Peter og Paulus skal have en apostels, den ene en martyrs, den anden en from biskops eller prædikants klarhed, enhver efter det værk, som han udført, ligesom i et legeme ethvert lem har sin ære, øjnene en anden ære end hænderne eller fødderne, osv. Som også på himlen solen har en anden klarhed end stjernerne og den ene stjerne er lysere og klarere end den anden. Alle skal være tydeligt adskilte, men dog til personen være lige og af samme væsen samt i Gud have lige glæde og salighed på samme måde som stjernerne alle sammen lyser og er klare på himlen, skønt den ene giver mere, den anden mindre klarhed og lys fra sig. Dette være i korthed talt om de billeder eller lignelser, som Paulus bruger for at udtrykke sagen i de enfoldiges forstand, så de ikke skal lade sig forvilde af de grove og svinagtige tanker, som er hentet fra dette liv. Nu slutter han og forklarer sådan lignelse med udtrykkelige og tydelige ord.

v42b-44. Hvad der bliver sået i forgængelighed, opstår i uforgængelighed. Hvad der bliver sået i vanære, opstår i herlighed. Hvad der bliver sået i svaghed, opstår i kraft. Der bliver sået et sjæleligt legeme, der opstår et åndeligt legeme.

Her hentyder han atter til den første lignelse om såningen og forklarer det selv og fjerner endnu et stykke af en stor forargelse, som også optog hedningerne meget. For det er deres begrundelse eller indvending som også ovenfor er nævnt: Først, at de kristne selv må bekende, at også de allerstørste helgeners kroppe som patriarkernes, profeternes, apostlenes, for længe siden er så aldeles forrådnet, at man ikke kan finde et støvgran af dem. Såningen sker, når mennesker dør; og når han har ligget en dag i ligkisten, lugter og stinker han, og om det varer længere, så kommer der også orm og insekter, og det bliver et så uhyggeligt syn, at ingen vil se det. Derfor må man skynde sig med at få liget i jorden eller i ild eller vand, at man må blive det kvit, for på jorden kan man ikke tåle det. At se dette, udretter stor forargelse, så at folk må tænke: Hvordan skulle der kunne blive noget af en sådan krop, som rådner og stinker så hæsligt og af hvilken der bliver de allerværste orme og insekter, ifølge hvad de siger, som har bevidnet det? Eller hvordan skulle der kunne blive noget af kroppe, som i galgen blevet fortæret af fugle, i vandet af fisk eller i ilden brænder til støv og aske, spredt for alle vinde? Hvordan rimer dette sig med artiklen om de dødes opstandelse?

Jo, det véd jeg godt, siger Paulus, og har selv ofte ser det. Men bliv kun ved det ord "sæd" eller "så", som jeg har afmalet og forklaret det, nemlig at det hedder sået eller Guds korn. Derfor skal du ikke se derpå eller lade det bekymre dig, at kroppen bliver så stinkende og rådden, at der til sidst intet bliver tilbage af den. Ellers må du også sige sådan til landmanden: Ak, hvad skulle der dog kunne blive af dette lille korn? Det ligger jo i jorden og er aldeles fordærvet. Da skulle han sige til dig: Du er en dåre og forstår dig ikke på dette. Just sådan vil jeg have det, og det var mig ukært, om det var anderledes. For at det formulder sådan, er et godt tegn på, at der vil blive noget af det, som jeg har håbet. Landmanden har kastet det i jorden, just for at det skal miste sin skikkelse og et nyt korn vokse op, og han glæder sig over, at det rådner og fordærves. Sådan skal man ej heller her sige om et menneske eller et skelet: Af dette kan der aldrig blive noget. Det har jo hverken øjne, ører, kød, lunger eller lever. Det er alt sammen blevet til intet. Men sådan siger de kristne: Du dåre, sådan skal og må det være. Hele kroppen bør miste sin skikkelse og formuldne med hud og hår og alt det han har på sig, så at man må sige, at der ikke er mere. Det hedder her sået og forgængeligt, men herefter skal det hedde opstået og uforgængeligt, da vi skal have et ny legeme med alle lemmer, så at den ikke mere skal kunne formuldne eller dø eller ødelægges, men den skal blive evigt sund og frisk, skøn og vellugtende samt have alt, som den nogensinde kan ønske. Dette er det første.

For det andet siger Paulus: "Det bliver sået i vanære, men opstår i herlighed." Det vil sige, det bliver aldeles foragteligt og slet forkastet, som man vel ser for øjnene, at intet dyrs krop efter døden holdes så afskyelig som menneskers. Svin og andre dyr slagter man til menneskers behov, eller om de dør af sig selv, så fører man dem ud af porten til rakkeren, at man dog må få gavn

160

af huden og fedtet. Men med menneskers krop følger den van-
ære, at enhver skyr og flyr for den og holder sig for næsen, og
man skynder sig fra graven, så hurtig man nogensinde kan, hvad
enten det er kejser, konge eller fyrste. Dertil berøver man men-
neskekroppen al dets ære og prydelse, så at den ligger aldeles
afklædt, når man dog lader en død fugl have sine fjer tilbage og
et svin sine børster. Men til mennesker slipper man ikke en guld-
kæde, ikke en trævl, men afklæder det helt og dækker det blot
med et linnedklæde, så man ikke skal se det ligger så vanæret,
og siden skynder man sig i største hast at nedsænke det, at det
ikke skal forblive oven på jorden. En så stakkels ting bliver men-
nesket, så snart det er død. Skønt en moder gerne havde beholdt
og herligt ville pryde sin søn og en konge sin egen arving, så kan
dog ingen af dem lide den døde, men de er glade, at man jo før
des hellere kan skaffe dem under jorden. Og det må være en me-
get modig mand, som kan være alene hos et lig.

Men af dette skal en kristen ikke lade sig forvilde. Du kan jo
ikke lade det bekymre eller forvilde dig, at du selv under øjnene
har næsen, som er nok så ulækker med nys og snot. Dertil kom-
mer det maven gør samt sved, udflåd og al slags uhumskhed fra
hele kroppen. Alligevel er du den ikke for den skyld fjendtlig, ej
heller foragter den derfor, men skønt den er en så skændig og
ildelugtende sæk, så pryder du den dog på det allerflittigste med
klæder, guld og perler. Så lær også her at tænke, at denne artikel
ikke behøver at være usand, fordi kroppen bliver så hæsligt og
foragteligt håndteret! Tværtimod, så foragtelig den er, så herlig
og kostelig skal den komme tilbage. Ja, den kommende ære og
herlighed skal tusind gange overgå denne usselhed, så at alle
skabninger skal forundre sig derover, alle engle prise den og
glædes over den, samt Gud selv se med lyst på den. For til det
formål hedder det sået ligesom kornet, som også må lade sig

bortkaste i usselhed og tåle, at man går med fødderne, hvor det siden atter skal vokse. Sådan må det også gå til med dette, når det egentlig er Guds værk, som han selv vil gøre på ny, så at det ikke mere skal være urent og skrøbeligt som nu, men aldeles rent og kosteligt.

For det tredje hedder det: "Hvad der bliver sået i svaghed, opstår i kraft". For så skrøbeligt er det nu med kroppen, at den må lide alle ting. Over blot en lille plage, ja, et lille sår eller feber kommer, kan den ikke værge sig, med forlov sagt, for en lus eller loppe, men må lade sig sluge af orm og alle slags kryb. Og den har ikke så megen kraft, at man kan sige: Det kan den gøre; men kun: Det må den lide. Hvordan skulle da, siger fornuften, kroppen atter kunne opstå af graven, når den er blevet helt fortæret og til støv, da den allerede nu, når den lever, er så afmægtig og kraftløs, at en lille sygdom eller sår slår den omkuld? Velan, vil du ikke tro, så far din vej og bliv et svin! Men vi véd, at så svag og uden al kraft og evner, som den nu er, når den ligger i graven, så stærk skal den siden blive, når den tid kommer, at den med en finger skal kunne bærer en kirke, med en tå vælte et tårn og lege med et stort bjerg som barnet med en bold og i et øjeblik springe helt op til skyerne eller løbe over hundrede mil. For da skal det være idel kraft som nu er idel svaghed og afmægtighed, så at intet skal være for umuligt for kroppen, om den kun sætter sig for det. Den skal alene kunne slå hele verden og blive så let og smidig, at den i et øjeblik skal kunne svæve både her nede på jorden og oppe i himlen.

Dette venter vi nu i troen indtil den dag. Men imens ligger vi der under jorden og kan ikke røre os en hårbredde af stedet, men må forblive, som man lægger os, og tåle, at man går over os med fødderne samt at alle onde kryb gnasker og æder os. Alligevel skal vi ikke lade os forvilde deraf, men tage eksempel af bonden

162

som sår. Han lægger kornet dybt i jorden og lader det ligger, til det formulder. Da er det så aldeles afmægtigt og er så helt blevet til intet, at det slet ikke duer til noget. Men ikke desto mindre når den tid kommer, at det atter bliver sommer, så bryder det frem og skyder op med skøn halm og fulde aks, som for ét fordærvet korn bærer tyve eller tredive nye korn, så at det står imod blæst, regn, uvejr og alle slags ulykker, hvis ikke Gud sender nogen særskilt plage.

Se, det kan et lille korn eller frø, i hvilket der ikke findes nogen som helst kraft og som, når det sås, ikke kan røre sig eller komme over jorden til et halmstrås bredde. Nu skyder det op så stærkt, at jeg ofte undrer mig over, hvordan det er muligt, at en så ringe ting som et sennepsfrø eller valmuekorn kan gennembore jorden, hvor en stærk bonde skulle have nok at gøre, om han borede med en pæl. Og skønt kornet ikke har nogen hjælp, trænger det med sådan kraft igennem, at det ikke lader noget hindre sig, om det end havner på sand eller klippersten og jorden er hård og tør. Skulle da ikke Gud også formå dette med os efter sit ord, når han vil opvække os, at vi kommer frem med en ny kraft, så at vi bryder frem gennem jorden, om end idel store granitsten lå over os, samt have med os en sådan styrke og kraft, at alt må vige for os og ligger under vores fødder.

Til sidst slutter han: "Der bliver sået et sjæleligt legeme, der opstår et åndeligt legeme." Dette er en ualmindelig tale hos os, blandt hvem denne artikel ikke er blevet meget prædiket eller drevet, skønt det burde været godt og almindeligt bekendt i hele kristenheden, da jo Paulus taler derom med sådan flid. Men især lyder det mærkeligt på vort sprog. Dog må vi også *vænne os til Den Hellige Skrifts tungemål*. For et sjæleligt eller naturligt legeme, kaldes et sådant legeme, som fødes på jorden, som behøver sin naturlige opretholdelse eller næring, som mad, drikke, tøj, ild, vand, luft, træ og jern. For det ord, som vi har oversat med et naturligt legeme, kommer af det hebraiske ord "nephesh", som er aldeles almindeligt i Skriften og ikke kun betyder den del af mennesker, som vi på vort sprog kalder sjæl, men det betyder *hele mennesket*, som det lever i sine fem sanser og må opretholde sig med mad, drikke, hus og hjem, ægtefælle og børn. Kort sagt: et naturligt legeme er ikke andet end et legemligt liv, som enhver må leve, som man med en god og tydelig oversættelse kunne kalde et dyragtig liv. I dette stykke af det timelige liv er vi intet eller ganske lidt forskellige fra kvæget, som har sådanne kroppe og gør samme naturlige ting, som vor krop gør, og lever efter sine fem sanser, undtagen kun, at de ikke har bevidsthed derom.

Et sådant naturligt eller dyragtigt legeme, som opretholder sig, fordøjer sin mad samt udrenser det øvrige og dertil er forgængelig, jammerlig og svag, det bliver nu sået, siger Paulus, når det dør og bliver begravet, til det formål, at der af den må blive et nyt og åndeligt legeme, som ikke skal leve dette naturlige liv og behøve føde og klæder, ægtefælle og børn eller nogen anden legemlig nødtørft, men som alligevel skal være samme legeme. For det hedder ikke et åndeligt legeme, derfor at det ikke skulle leve legemligt eller have kød og blod; for da kunne det ikke hedde et virkeligt legeme. Men det hedder et åndeligt legeme, fordi det skal have sit liv og alligevel ikke videre være et sådant legeme, som spiser, sover, fordøjer føden, men en, som *bespises og opretholdes af Gud åndelig og i ham har hele sit liv.* Men siden, når det sådan lever åndeligt i Gud, skal det også begive sig ud i himlen og ud på jorden, *lege med sol og måne og alt skabt* og også have sin lyst og glæde deraf samt blive så mæt og salig, at det aldrig skal komme i tanke om at spise eller drikke. Og sådan skal hele menneskets væsen eller liv med legeme og

164

sjæl kaldes åndeligt og oprinde af Ånden og have sit bestående af eller gennem Gud uden middel; så at *vi ikke kun skal blive oplyst til sjælen og kende ham, men forvandlingen skal også gå gennem hele kroppen,* så at den skal blive så klar og let som luften, se så skarpt og hører så langt verden strækker sig. Vi skal ikke behøve noget andet end Gud for vor opretholdelse og liv, men alligevel skal vi have en virkelig krop. Stjernerne på himlen er jo sådan beskaffen, at de ingen næring behøver til sit væsen og er dog legemlige skabninger, skønt de ikke har sådanne jordiske kroppe som vi.

Se, sådan vil Paulus borttage alle hedenske tanker og rette blikket bort fra det anstødelige billede, som giver ophav til sådanne tanker. Man stiller os for øjnene et menneskes foragtelige og kraftløse væsen og dømmer om en kristen blot efter det ydre. Han dør bort som en ko eller et svin, så at ingen har været så vis og lærd, at han i denne henseende har kunnet gøre nogen forskel mellem mennesker og dyr. Det er sandt, siger Paulus, jeg ser og kender også selv denne visdom, som du kan frembringe med din hedenske forstand. Ja, der er ingen ko, som ikke ser det. Og hvis nogen bliver så lærd og klog deraf, at han bespotter denne artikel om de dødes opstandelse, så skal også jeg nu straks kunne blive en lige så god doktor i denne kunst som han. Men en kristen må kunne en anden kunst end denne svinekunst, så at han dømmer og tror, ikke som det er for øjnene og som enhver ko forstår det, men som Guds Ord lærer om det, man ikke ser eller fornemmer. Da hedder det ikke mere, at mennesker farer herfra og dør for at forgå og intet andet er end et skrøbeligt, forgængeligt væsen; men efter en ret gudelige forstand og på det himmelske tungemål hedder det sådan: Det forgængelige, ynkelige og kraftløse bliver sået, at det skal opstå uforgængeligt, i klarhed og kraft, og af det dyragtige legeme på jorden skal blive et åndeligt og himmelsk legeme.

Derfor skal vi lære, at indtrykke dette i vort sind, at vi må blive visse i vor tro og ikke drage den i tvivl, vi, som gennem dåben og evangeliet er kaldet af Gud til Kristus og har løfte om det evige liv, når vi tror på Frelseren, at han er opstået fra de døde til det formål, at han også på den yderste dag vil opvække og fremstille os så skønne og herlige, som han selv er. Så kan vi allerede nu trøste og styrke vort hjerte samt forlyste os med sådanne tanker og glæde os over det skønne og herlige væsen, som vi en gang skal modtage. Dette skal tjene til, at vi glemmer dette timelige væsen og ikke fæster os sådan ved dette liv, som ville vi blive her til evig tid, som verden gør. Men vi grunder vort pukken og vor frimodighed på noget højere end på dette liv og dets forgængelige gode, som oven i købet er usikkert hver stund. Ja, sådan bør vi vænne os til at trøste os og gøre os glade over den høje og uudsigelige skat, som vi skal få.

v44b-45. Når der findes et sjæleligt legeme, findes der også et åndeligt legeme. Sådan står der også skrevet: »Det første menneske, Adam, blev en levende sjæl,« den sidste Adam blev en ånd, der gør levende.

Her anfører han et ord af Skriften til at bekræfte det, han nu sagt om det naturlige og åndelige legeme, for sådan står der skrevet i 1 Mos 2, 7 om menneskers skabelse: "Da formede Gud Herren mennesket af jord og blæste livsånde i hans næsebor, så mennesket blev et levende væsen (eller en levende sjæl)." Det samme ord levende "sjæl", som det lyder efter den hebraiske tekst, oversætter Paulus her selv med det græske ord "psychikos", naturligt legeme. Men som sagt, så har ordet sjæl ikke den betydning på vort tungemål. Dog må vi gøre det hebraiske ord den ære at vi undertiden bruger dets måde, når vi ikke kan udtrykke det bedre. *Så er det nu aldeles det samme, når Moses siger "en levende sjæl" og Paulus her siger "et naturligt legeme" eller "et naturligt menneske",* som jeg allerede udførligt har vist, at ordet sjæl på hebraisk egentlig betyder det, som vi kalder kroppens liv eller en levende krop, det er et menneske eller et dyr, som har ånde og trækker vejret.

Sådan står der ofte i Mosebøgerne "enhver sjæl", det vil sige, alle slags væsener, som har en levende krop. Sådan siger Moses også om Jakob, at han drog ind i Egypten med alle de sjæle, som var i hans hus, 1 Mos 46, 27. Det er intet andet, end så mange levende kroppe, som var hos ham. Derfor læser man også i Det Nye Testamente som i Åb 18, 13, hvor der profeteres om Babylon, at "Ingen vil længere købe levende mennesker (: sjæle) eller fanger". Sådan vil Moses intet andet sige, end at Gud indgyder de fem sanser i mennesker og gør sådan, at vi kan spise, drikke, optage føden og udføre det, som tilhører kroppens nødtørft. Alt dette kalder Paulus efter hebraisk sprogbrug for psychikos, sjæl.

Af denne tekst drager nu Paulus en antitese eller sammenligning. Da Moses siger, at mennesker først er skabt med et naturligt legeme til det naturlige liv, så lader han dermed også forstå at der findes et andet legeme og et andet liv, som ikke er materielt, men åndeligt. Dem stiller han imod hinanden og slutter så, at har man et naturligt legeme, så må man også have et åndeligt legeme. *Han skiller altså mellem to slags liv: det naturlige, hvortil Adam først blev skabt, og det åndelige, som herefter skal komme.* For Adam er først skabt til det naturlige liv; men når det ophører og et andet skal følge derpå, så at han skal lever på ny, kan dette nye liv ikke være et materielt liv, men det må blive et åndeligt liv. Sådan forskel gør også Kristus i Joh 3, 6, da han siger: "Det, der er født af kødet, er kød, og det, der er født af Ånden, er ånd." Kød kalder man hele mennesket, født af kød, som det lever med krop og sjæl, fornuft og sanser. Om han nu kun forbliver sådan, så hører han ikke til i Himlen. Skal han komme i Himlen, så må han fødes af Ånden og blive aldeles *åndelig både til krop og sjæl*; så at det følgelig er et helt andet liv end det naturlige, men alligevel samme menneske.

Derfor sætter Paulus to Adammer eller mennesker: den første Adam til eksempel og afbilde af den anden. Den første Adam, siger han, er skabt til et naturligt liv. Det har vi af ham. Mere kunne fader og moder ikke give eller Gud gennem dem. Men den anden Adam skal have og give et andet liv. Når I nu bærer den første Adam, som I kender og er håndgribelig, hvorved I lever det naturlige liv, så vid, at I også skal få det åndelige liv, efter at det første ophører.

Lær altså her retteligt og med forskel efter Skriftens måde begge disse ord: naturligt og åndeligt. Ikke sådan, at kroppen er at adskille fra sjælen, som vi gør, når vi hører ordet ånd eller åndelig, men sådan at kroppen må blive ånd eller leve åndelig, som vi nu allerede er begyndt gennem dåben. I kraft af dette lever vi åndelig til sjælen, og Gud anser og regner også kroppen for åndelig. Dog må den aldeles få sin afsked fra dette timelige liv, inden den kan blive helt ny og åndelig i alle henseender samt kun leve af og gennem Ånden. Sådan er vor Herre Kristus, den anden Adam, gjort til åndeligt liv gennem opstandelsen. Han lever ikke mere af legemlig nødtørft, som når han gik på jorden, *men han har dog et aldeles virkeligt legeme med kød og blod*, som han viste sig for sine disciple. Og han har for sin person fuldført det himmelske åndelige liv, så han også må begynde det i os og på den dag aldeles fuldbyrde det, som Paulus videre viser.

168

v46-47. Men det åndelige legeme er ikke det første, det er det sjælelige, dernæst kommer det åndelige. Det første menneske var af jord, jordisk, det andet menneske er fra himlen.

Her ser du, hvordan han altid sætter sammen de to ord, naturligt og åndeligt legeme, ved siden af hinanden. Han vil ikke, at det skal forstås, som nogen kættere har foregivet af den følgende tekst: "Kød og blod kan ikke arve Guds rige", nemlig at kun ånden og sjælen skal komme frem på den yderste dag og blive salig, men kroppen forblive i jorden. Sådan begyndte de allerede på den tid at sværme og *lærte en åndelig opstandelse*, så at når mennesker blev døbt, var han allerede opstået, *og det kom ikke kroppen ved*. Nej, ikke sådan, vil Paulus sige, for jeg siger tydeligt, at *det skal være et åndeligt legeme og just samme krop*, som inden har været og ført en naturlig eller dyragtig tilværelse. Ellers, om det skulle stå sådan til, at kun sjælen skulle blive salig, så skulle det blive en besynderlig tilværelse, som vi kunne takke dåben for. Vi var synder og kroppen blev fordømt og udstod sin bod. Men siden kunne vi sige, at ikke sjælen, men kun kroppen syndede. Alligevel kunne ånden ikke blive salig, så længe kroppen var til. Men det er usandt. *For vi bliver ikke kun døbt til sjælen, men kroppen bliver også døbt.* Sådan bliver også evangeliet prædiket for os og vi bliver derved velsignet ikke kun til sjælen, men til hele mennesket, også til kroppen. Ligeså modtager ikke blot sjælen, men også kroppen Kristi legemes og blods sakramente, så at den følger sjælen ved dåben og nadveren og skal på den yderste dag være, hvor sjælen får sin plads.

Derfor bliver vi ved Paulus' klare ord, at der skal blive et åndeligt legeme, skønt det inden har været et naturligt legeme. Vi ville gerne, som han siger andetsteds i 2 Kor 5, 1, at efter at vi er blevet døbt, har hørt evangeliet og fået denne åndelige spise, at kroppen også straks var hellig og ren, så at vi ikke længere behøvede slæbe på denne slemme sæk. Men det kan ikke ske før på den dag, da det skal blive et nyt væsen, ikke kun for os mennesker, men også for alle skabninger. Indtil da må vi bærer dette dyragtige legeme og kan ikke før blive så åndelige, at vi kan kende og tage derpå, men vi må nøje os med at fatte det i troen. Gud, som har lovet os det, er for os pålidelig nok, og han skal ikke lade os tro og håbe forgæves.

Det første menneske, siger Paulus, er af jorden og jordisk, men det andet menneske er Herren fra Himlen; det vil sige, efter det første menneskes, Adams, fødsel er vi intet andet end kød og blod, og i alle henseender jordiske. For han blev dannet af en jordklump, som Skriften siger, som han hermed hentyder til. Har I nu læst det i Skriften og kan tro det under, at Gud har skabt denne Adam just af jord, så kan I vel også tro, at han af den anden himmelske Adam skal gøre et himmelsk legeme. For læg du selv et stykke jord imod og ved siden af et levende menneske. Hvordan rimer muldklumpen sig da til det skønne levende billede, som er i Adam? Nu er han dog intet andet end samme jord, som er blevet til blod, kød, ben, øjne, ører, hoved, osv. Kan nu Gud af dette, som er idel jord, gøre et levende menneske med alle lemmer og kræfter, skulle han så ikke også af det nuværende naturlige legeme kunne gøre et åndelig, himmelsk legeme, da det allerede forud har legemets natur og væsen?

Ligeledes: Hvor er vor første moder, Eva, kommet fra, da Gud skabte henne af et ben fra Adam? Hvad er dette skønne billede, som det var før tiden for faldet, imod blot et ben eller ribben? Ja, om man ville udregne, hvordan alle mennesker er kommet af fader og moder, hvem skulle da tro, at det var muligt, hvis vi ikke blev overbevist herom gennem erfaringen? Skulle Gud da ikke også ligeså atter kunne frembringe samme krop af graven og gøre den skønnere end før ved at bruge sit ord, sin Ånd og sin gerning dertil? Derfor må jeg sige til mennesker, som han selv siger til Adam i 1 Mos 3, 19: "Du er jord, og til jord skal du blive." Alle mennesker er af jord og må atter under jorden. Men det skal ikke forblive jord, men fordi Gud deraf en gang før har gjort et skønt menneske med krop og sjæl, så skal han anden gang gøre det meget herligere og skønnere. For derfor lader han nu kroppen forrådne i graven, at det jordiske væsen må forgå, da det jo dog er forgængeligt af naturen samt dertil svagt og uskikket. Så kan det siden blive et nyt menneske af Himlen, som ikke mere skal være jordisk, men hel og holden himmelsk.

Sådan stiller Paulus atter Guds Ord og gerninger imod de kloge ånders tanker, når de siger: Hvordan skulle der kunne blive noget af den døde, kraftløse og fordærvede krop? Jeg vil sige dig mere, siger han, end du. Hvad var Adam i begyndelsen andet end en jordklump meget ulige et menneske end vi, når vi ligger i graven og dog skal opstå. Sådan også, hvor uligt er et ribben eller ben i forhold til en skøn, levende kvinde? Og hvor ulig er en bloddråbe mod et levende menneske, som skal blive en stor og herlig konge på jorden eller en stor og hellig apostel, profet og martyr i Himlen? Og det hedder heller ikke andet i Skriften end Abrahams og Davids afkom; som også Kristus selv kaldes sådan, bortset fra at han ikke er avlet af nogen mand. Der kunne også jeg mesterligt bespotte, om det var nogen kunst, og med ufornuft sige som nogen grove filosoffer: Kære, lad dem prædike, hvad de vil! Tro blot ikke, at en eneste smule kød og blod kommer i Himlen! Se dog selv, hvorfra du kommer! *Men jeg må her bekende, at det var et større værk af Gud at skabe mennesker til dette liv.* Og det behøver jeg jo ikke tro; det kender og ser jeg

for mine øjne. Ellers må solen skinne længe samt alle skove sam-
les og brændes, og alle skabninger smelte af varme, inden nogen
af en jordklump kan gøre et menneske. Derfor skal man heller
ikke lade denne artikel være så svær. Det er dog i forhold til den
første skabelse et meget mindre og ringere værk, af det, som
forud er et jordisk legeme, at gøre et himmelsk.

**v48-49. Som det jordiske menneske var, sådan er også
de jordiske, og som det himmelske menneske er, sådan
skal også de himmelske blive. Og ligesom vi har båret
det jordiske menneskes billede, skal vi også bære det
himmelske menneskes billede.**

Se, hvor omhyggeligt og med hvor mange ord apostlen udfolder
denne artikel, så han kan komme de skadelige prædikanter i for-
købet, som da allerede var begyndt. Han jævnfører de to menne-
sker, Adam og Kristus, med hinanden, som han også har gjort
andetsteds For han kalder Adam det første jordiske menneske,
men Kristus det første himmelske menneske. Han sætter dem
begge op til forbillede og slutter, at vi alle må blive ligesom det
himmelske menneske Kristus, på samme måde som vi nu er li-
gesom det første jordiske menneske. Men disse ord, "som det
jordiske menneske var" og "som det himmelske menneske er",
bør ikke forstås om det første menneske Adams synd, som vi har
arvet af ham, som nogle forklarer det, eller om den retfærdighed,
som Kristus har og vi får igennem ham, men vi bliver ved det
emne, som Paulus er begyndt at tale om. Og han behandler ikke
her den sag, hvordan vi står hos Gud med vores synder eller vor
fromhed, men alene om legemets naturlige og åndelige liv.

172

Derfor er meningen heraf kort denne: Som Adam har levet det naturlige liv med sine fem sanser og alle kroppens naturlige opgaver, sådan lever også alle hans børn fra verdens begyndelse til dens ende den ene som den anden. For det hedder: Det jordiske menneskes lighed, det vil sige, at vi alle sammen går i samme skabelse og væsen og i alt lever og gør, som Adam og Eva levede og gjorde. For det var med den samme beskaffenhed, at de spiste, drak, fordøjede maden, gav fra sig, frøs og anvendte tøj, så at der slet ingen forskel kunnet ses mellem dem og os. Men herefter skal vi bortlægge en sådan lighed og beskaffenhed og antage en anden nemlig Kristi himmelske og også have samme skikkelse og beskaffenhed, som han nu har efter sin opstandelse, så at vi ikke mere skal behøve spise, drikke, sove, gå, stå, men skal leve uden al skabningens nødtørft med hele kroppen så ren og klar som solen og så let som luften, ja så sund, salig og fuld af evig glæde i Gud, at den aldrig mere skal sulte, tørste, blive træt eller svækkes.

Dette skal nu blive en anden og over al måde herlig skikkelse imod den jordiske skikkelse og et andet billede, end vi nu må bærer. For da skal der ikke findes ulyst, fortræd eller besvær som i denne træge, elendige skikkelse, hvor vi må drages og kæmpe med denne tunge og træge mave og lade os løfte, men da skal kroppen fare frem over himlen med samme hurtighed og lethed som et lyn og svæve over skyerne blandt de kære engle. Sådanne tanker vil Paulus gerne indtrykke i vort sind, at vi allerede nu må vænne os til gennem troen at opløfte os til det andet liv og påminde os om, hvad vi har at håber på og hvad vi kan ønske og begære, når vi siger denne artikel: *Jeg tror på opstandelsen, ikke kun åndens, som kætterne siger, men også kødets eller kroppens, som vi slæber på, at også den skal blive et himmelsk og åndeligt legeme.* For det Paulus her i hele dette kapitel taler om med mange ord, er kun en forklaring over denne artikel og lærer intet andet end hvad disse to ord: "kødets opstandelse", indeholder og lader forstå.

v50. Men det siger jeg jer, brødre: Kød og blod kan ikke arve Guds rige, og det forgængelige arver ikke det uforgængelige.

Nu har Paulus næsten sluttet sin prædiken og sagt nok om denne artikel. Dog føjer han dertil endnu et tillæg og vil sige noget hemmeligt om, hvordan det skal gå til på den yderste dag, når vi skal opstå. Men forud sætter han en kort advarsel, som ville han sige: I har hørt hvordan kloge hoveder og partiånder prædiker imod denne artikel og driver deres spot med, hvordan det skal gå til, hvad vi skal have for kroppe. Derfor råder og advarer jeg jer: Vogt jer for kød og blod og for det, som er menneskeklogskab og mennesketanker, og tænk ikke, at I dermed skulle kunne udgrunde eller forsvare denne artikel! *For den bliver ikke anderledes kendt end ovenfra fra Himlen gennem troen, som Helligånden må give.* Bered og skik jer dertil, at I ikke tænker og lever sådan som kød og blod gør, som slet intet tror, men lever, som skulle vi blive her til evig tid; men søg, hvordan I skal komme frem til opstandelsen! For dette kødelige og verdslige væsen hører ikke til i Himlen, men må alt sammen ophøre og forgå.

For som jeg også ellers ofte har sagt, så betyder kød og blod i Skriften et menneske med hele dets væsen, som han kommer fra Adam og opvokser efter fornuften, om han ikke er fornyet gennem Kristus og troen. Et sådant menneske, som lever og bliver i den gamle Adam, véd og forstår intet om Gud, men drømmer og maler ham efter sine egne tanker og tager helt fejl af ham.

174

Sådan maler munkene sin Gud og tror, at han skal sidde deroppe og se til deres kapper og deres orden. Derfor kan mennesker ikke fatte denne artikel, og jo klogere man er efter fornuften, dets mindre værdi tillægger man den. Vogt jer da for mennesker, for når de er som klogest, er de jo intet andet end kød og blod, som ikke hører til i Himlen eller kan komme ind i Guds rige, men det må helt og holdent forgå og forrådne, inden det bliver et helt nyt menneske.

Dette er kort fortalt den rette mening af denne tekst, og da Paulus siger, at kød og blod ikke kan arve Guds rige, så giver dette ingen anledning til at sige, at ikke kroppen, men kun sjælen eller ånden skal opstå, som nogle kættere har sluttet af dette sted direkte imod, hvad Paulus' lærer hele dette kapitlet igennem. For han siger jo ikke: "Kroppen skal ikke opstå", men: "Kød og blod kan ikke arve Guds rige." Og se, hvilke tåber og uforsigtige dårer, de er, som gør en så falsk tolkning deraf. I teksten står der klart sådan: Det "kan ikke arve Guds rige". Det flyver de forbi og ser kun de ord "kød og blod" og ikke videre. Siden tilføjer de deres egne tanker, at kød og blod ikke skal opstå, hvad Paulus hverken kunne eller ville sige, da han jo i den tekst, som går lige forud, så klart og rent ud har sagt, at der skal opstå et ret åndeligt legeme. Men han siger, at kød og blod ikke hører til Guds rige, som Kristus også selv siger i Joh 3, 3.

Nu er det én ting at opstå legemligt med kød og blod og en helt anden at komme ind i Guds rige og til Himlen. *For Judas, Kajfas og alle fordømte skal også opstå legemligt, men i Guds rige skal de ikke komme.* Og hvad kunne være klarere sagt, end når han siger, at kød og blod, som nu er syndigt, ikke kan komme i Himlen, ligesom Kristus også taler i Joh 3, 5- 6: "Den, der ikke bliver født af vand og ånd, kan ikke komme ind i Guds rige. Det, der er født af kødet, er kød, og det, der er født af Ånden, er ånd."

175

Det kød og blod, som er døbt til Kristus, hedder nu ikke mere kød og blod, for det er født på nyt af Ånden, skønt det har været kød og blod. Efter naturen er det kød og blod, men ikke åndeligt, for gennem Kristus er det i dåben blevet rent og optaget i Guds rige. Derfor kan det ikke mere kaldes kød og blod andet end med hensyn til kroppen; for med kød og blod menes egentlig det gamle menneske efter sin fornuft, som kommer af kød og blod med blot den kundskab og den forstand, som fornuften skænker, uden tro på Guds Ord og uden Kristus. Som Kristus siger til Peter i Matt 16, 17: "Kød og blod har ikke åbenbaret det for dig." Derfor hører det ikke til Guds rige. Men deraf følger ikke eller lader det sig langt fra slutte, at kød og blod ikke atter skal opstå på den yderste dag. Netop fordi kød og blod ikke kan komme ind i Guds rige, må det forgå, dø og forrådne og opstå i et nyt åndeligt væsen, at det må kunne komme i Himlen. Derfor formaner han dem som kristne, som skal være nye mennesker, at de ikke på den dag må blive fundet som kød og blod.

Dette siger jeg, for at man må se, hvordan sådanne ånder, som alle steder vil være mestre i Skriften, så åbenlyst farer vild og sejler med halv vind og, når de bliver opmærksomme på et ord, gaber sådan med mund og øjne på det, at de for dets skyld ikke kan se eller hører noget andet. Som gendøberne nu for tiden. De ser med mund, øjne og ører intet andet i dåben end blot vand, og siden sværmer de og siger: Vand er vand; hvad skulle vand gavne sjælen? Vandet kan de se som en del af dåben, som også koen godt kan se. Og så anser de det for stor kloghed, at de kan sige: Vand er vand. Men den anden og fornemste del, nemlig Ordet i Mark 16, 16: "Den, der tror og bliver døbt, skal frelses", kan de med åbne øjne ikke se. Så aldeles har de fyldt mund og øjne med det blotte vand, at de ikke kan se både ord og vand. Og

176

det sker dem ret, at de derved gør sig selv til skamme og med sit
eget sværd bliver slået oven i hovedet.

**v51-53. Se, jeg siger jer en hemmelighed: Vi skal ikke
alle sove hen, men vi skal alle forvandles, i ét nu, på et
øjeblik, ved den sidste basun; for basunen skal lyde, og
de døde skal opstå som uforgængelige, og vi skal for-
vandles. For dette forgængelige skal iklædes uforgænge-
lighed, og dette dødelige skal iklædes udødelighed.**

Dette er det sidste stykke, i hvilket Paulus vil sige korintherne
noget, som er hemmeligt. For han er en from apostel og mener
det godt og vil gerne, at de klart må fatte og beholde denne arti-
kel om de dødes opstandelse og ikke lade nogen anden snak for-
vilde sig. Derfor siger han dem ligesom i øret noget, som er be-
synderligt, som ellers ingen andre steder står skrevet, hvordan
det skal gå til på den yderste dag. Fordi han har sagt, at ingen
kommer i Himlen med dette legeme, som er lig de andre dyrs og
forgængeligt, men at der af dette naturlige legeme må blive et
nyt åndeligt legeme, så kunne nogen bekymre sig dermed og
spørge: Hvordan skal det da gå med dem, som endnu findes le-
vende, når den yderste dag kommer? Skal de forblive eller skal
de opstå, skønt de ikke er blevet begravet, eller formuldet, som
de andre, som tidligere er døde?

Derpå giver han dette hemmelige svar: Det skal gå sådan til,
at vi ikke alle skal sove hen; men alle må vi blive forvandlet.
Dette lyder, som om vi ikke alle skulle dø, som også nogen heraf
bedrageligt foregiver. Men Paulus' mening er denne, at den
yderste dag skal komme så hastigt, ligesom en snare som han
andetsteds siger, inden nogen forventer det, når verden er helt

sikker, og forvandle alt i ét øjeblik. Dermed vil han ikke benægte, at vi alle må dø, men han siger, at vi ikke alle skal sove hen; det vil sige, de som er i live på den yderste dag, skal ikke dø som de andre på sit dødsleje eller begraves i graven og under jorden. For dem kalder Skriften indsovet, som kommer i ligkiste og i graven. *Men disse skal komme fra dette liv ind i det andet på en sådan måde, at de ikke kommer i jorden, men blot bliver forvandlet.*

313 For det græske ord, som står her, betyder egentlig at forandre, at man flytter noget fra det ene sted til det andet som af vand op på tørt land eller fra jorden op i luften. Sådan skal man også på den yderste dag i ét øjeblik finde os andetsteds og på anden måde, end vi lige før var her på jorden, inde i huset eller på marken. *Hurtigt skal vi blive bortrykket fra bordet eller sengen eller fra arbejdet sådan som vi går, står, sidder eller ligger – på den måde, at vi på ét øjeblik skal være døde og atter levende, men aldeles forandret og svæve oppe i skyerne.* En sådan forandring mener han her. Dog indbefatter han deri en forvandling i kroppens beskaffenhed på en sådan måde, at kroppen skal iklæde sig en anden klædning, det vil sige, blive forherliget og skinne meget herligere og skønnere end solen. Men ikke sådan, at dette skal ske, når man endnu går i dette herberg og i denne klædning, men det må alt sammen i et øjeblik helt afklædes og forbrændes til støv og i samme stund oprykkes.

Dette forklarer han selv videre i 1 Thess 4, 15–17, hvor han siger: "Vi, der lever og endnu er her, når Herren kommer, skal ikke gå forud for de hensovede. For Herren selv vil, når befalingen lyder, når ærkeenglen kalder og Guds basun gjalder, stige ned fra himlen, og de, der er døde i Kristus, skal opstå først. Så skal vi, der lever og endnu er her, rykkes bort i skyerne sammen med dem for at møde Herren i luften, og så skal vi altid være sammen med Herren."

Dermed giver han til kende, at alt skal gå til i ét nu, at de døde hurtigt skal løftes op af graven og vi med dem hastigt blive taget bort, hvor som helst vi bliver fundet. Sådan skal vi bortrykkes af det dødelige liv og væsen og sammen med hinanden forherliges. Det kalder han her, at vi ikke alle skal sove hen. For det kan og skal ikke gå så langsomt til, at den ene begraver den anden, til vi alle dør en efter en. Men vi må alle samles sammen og sådan den ene med den anden oprykkes, dog på den måde, at det ikke skal ske uden død. Men Gud skal vise sin almægtige kraft og sin majestæt, så at alt, hvad som er på jorden, må fortæres i et øjeblik og hele verden ødelægges og blive anderledes. Vi skal være evigt nær og hos Kristus. Men de andre, som ikke har troet, skal forkastes i den evige pine. Og dette, siger han, skal han gøre ved den sidste basun. For han skal først stige ned med et stort krigsråb, ifølge 1 Thess 4, 16, og lade ærkeenglen blæse i Guds basun, som skal lyde gennem himmel og jord, så at alt deraf må falde omkuld og alle døde blive opvakt.

Dette er den hemmelighed, som han kun fortæller sine kristne. For de verdenskloge kan og skal ikke forstå den, men drive sin spot dermed. De kristne alene skal vide og forstå det. For han vil sandelig på den yderste dag ikke gøre noget, som du nu formår at begribe, *eftersom der jo ikke er nogen trosartikel, som lader sig fatte og begribe med fornuften.* Vi kan jo ikke begribe vor egen natur til krop og sjæl, som vi ser og kender for øjnene, og hvordan det går til, at vi ser, hører, taler, tænker, vokser, osv. Hvad skulle vi da kunne forstå af så høje ting, som vi ikke ser eller kender, men kun fatter med troen? Videre siger han:

v53. For dette forgængelige skal iklædes uforgængelighed, og dette dødelige skal iklædes udødelighed.

Dette indfører han altid, for at han må komme til den skønne tekst, med hvilken han slutter. Vi skal ikke kun, vil han sige, blive oprykket og borttaget til Himlen og her nede slippe alt, hvad vi må have til dette livs nødtørft, hus og hjem, tøj og føde osv., og lade alt, hvad der er på jorden, forgå og opbrænde, men vi skal også afklæde os alt, som er os medfødt, som behovet for at spise, drikke, sove osv.; så at vi ikke mere behøver arbejde eller anstrenge os. Alt dette må afskaffes i ét øjeblik og blive helt fornyet til evig klarhed og herlighed, og det må forandres ikke kun i spørgsmål om rummet, men også med hensyn til vor krop, at den siden må forblive uforanderlig og uforgængelig.

v54-55. Og når dette forgængelige har iklædt sig uforgængelighed og dette dødelige iklædt sig udødelighed, da vil det ord, der er skrevet, være opfyldt: Døden er opslugt og besejret. Død, hvor er din sejr? Død, hvor er din brod?

Hvad hjertet er fuldt af, løber munden over med, siger man. Derfor kan Paulus tale så udførligt om denne artikel. For han er opfyldt af den og så vis på den, at han ligesom holder alt for intet i sammenligning med den. Ellers faldt sådanne ord ham ikke ind, hvis ikke hans hjerte var fyldt med idel sådanne tanker. Derfor lyder de også i andre ører, som ikke omgås med sådanne tanker, ganske utydelige og fremmed som ord, ingen forstår. Men den, som bekymrer sig om disse sager og tænker på et andet liv, lærer at fatte og forstå dem. For han taler om dette, som stod det allerede nærværende for øjnene. Og fordi Herren Kristus er opstået

180

og har giver os sin opstandelse imod vor synd, imod døden og Helvede, *så må det komme derhen med os, at også vi lærer at sige sådan: "Død, hvor er din brod?" Og det selv om vi blot se modsætningen.* Vi må her drages med idel forgængelige ting og et ganske ynkeligt og urent væsen samt er underkastet al slags nød og fare og på dette følger til sidst intet andet end døden.

Men troen, som holder sig til Kristus, kan fatte helt andre tanker og kan se et nyt væsen og mærke et sådant billede og et sådant blik, at den forgængelige, usle skabning aldeles forsvinder og et aldeles rent himmelsk væsen fremstår. For når troen er vis på denne artikel, at *Kristi opstandelse er vor,* så må deraf følge, at samme opstandelse må være *lige så kraftig i os som i ham* med undtagelse af, at han er en anden person, nemlig sand Gud. Og den opstandelse skal udrette, at dette svage og dødelige væsen på vor krop afklædes og borttages og et andet udødeligt væsen påklædes. *Da skal vi få en krop, som ingen urenhed, sygdom, ulykke, jammer eller død mere kan træffe, men som er så helt ren, rask, stærk og skøn,* at en nålespids ikke kan skade vor hud. Dette skal være den kraft og virkning eller, som Paulus her siger, den sejr, som igennem Kristus er erhvervet, som aldeles skal borttage og udrense vor synd og død sammen med alle legemes skrøbeligheder, farer og lidelser.

Og se, hvordan Paulus taler om dette liv og væsen! Han ser det sådan, at det her ikke er spørgsmål om selv mennesket, men om en klædning, som han nu må bærer, men som han siden skal aflægge for at iklæde sig en anden. Han gør døden og graven til intet andet end en gammel sønderslidt frakke, som afklædes og bortkastes; og opstandelsen er en skøn, ny frakke, som vi iklædes og hvis navn er uforgængelighed eller udødelighed, spundet og virket gennem Kristi sejr. For til det formål har Kristus vundet sejr og overvundet alt i sig selv, at han vil klæde dig med sejren og dermed gøre dig ren fra synd og død, så at intet mere bliver tilbage af dit forgængelige legeme og af alt, som Djævelen har indblæst derover og som kommer fra ham, som alle slags ulykker og svaghed, vildfarelse og uforstand. Så kan det naturlige og sandfærdige legeme, som Gud har skabt, atter opstå. *For Gud har ikke gjort mennesker sådan, at han skulle synde og dø, men sådan, at han skulle leve.* Men Djævelen hængte ond urenlighed og pletter på naturen, så at mennesker på grund af synden må kæmpe med så megen sygdom, stank og ulykke. Men al den stund synden nu gennem Kristus er borttaget, så skal også vi blive den kvit, så at alt på jorden må være rent og intet findes, som er ondt eller ubehageligt. Derfor må vi forud gennem døden lade os afklæde den gamle onde klædning, til den er helt borte og blevet aldeles til støv.

Når nu dette sker, siger han, da skal det fuldkommes og hedde: "Det er sket" (factum est), som nu hedder: "Det er skrevet" (scriptum est). Da skal det ske og udrettes, som man nu altid prædiker og siger. Hvad da? – Jo, det som står skrevet: "Døden er opslugt og besejret." Hvorfra Paulus taget dette ord, som han siger, står i Skriften, kan jeg ikke præcis sige. Det se ud til at være fra profeten Hoseas i kap. 13, 14, hvor han siger: "Død, hvor er din pest! Dødsrige, hvor er din sot!" Pest og sot kaldes i Skriften dødelige onder, som snart fortærer den angrebne og gør en ende med ham, som når man bliver bidt af giftige slanger eller får en alvorlig sygdom og feber. Det er måske det Paulus her hentyder til og omtaler med få ord.

Men jeg holder for, at Paulus her har set sig videre om og sammen med Hoseas' ord har villet indbefatte alle ord i Skriften, som gå ud på det samme, især hovedordet i 1 Mos 3, 15, af hvilket mange andre er blevet afledt, hvor Gud siger til slangen: "Jeg sætter fjendskab mellem dig og kvinden, mellem dit afkom og

182

hendes: Hendes afkom skal knuse dit hoved, og du skal bide hendes afkom i hælen." På hebraisk er det samme ord, som er oversat med henholdsvis "knuse" og "bide". Det betyder egentlig at hugge sådan, som slangen hugger og sprøjter sin gift indt. Og det vil sige, at slangen skal hugge i Kristi hæl, men Kristus skal atter hugge slangen i hovedet og være den en dødelige gift og pest, som Hoseas af denne tekst tolker det. Dette ord har nu medført denne Paulus' prædiken: "Døden er opslugt og besejret." For vor Herre Kristus har gjort det sådan, at Djævelens gift og pest gennem ham er aldeles tilintetgjort og ødelagt, så han har sønderknust hans hoved og borttaget al hans magt og kraft. Sådan kan du til dette ord føre alle sådanne ord her og der hos profeterne, for de flyder alle ud og ind af dette, så at de alle udgør denne eneste tekst. For i besiddelse af en rig Ånd smelter Paulus her mange ord sammen og fremstiller af dem alle *en sådan tekst, som hele Skriften giver og er hele Skriftens mening.*

Han vil sige sådan: Når Kristus gennem sin opstandelse har udrettet det, for hvilket den er sket, så skal alt hedde fuldkommet, som står skrevet om sejren, så at både død og Helvede derigennem skal opsluges og ikke mere være. Man skal da sige: Du død, hvor er nu din brod? Helvede, hvor er nu dit spyd? Det skal da ikke mere blive prædiket eller hørt og troet, men vi skal selv kende og erfare det. Og det skal ikke mere hedde: Fiat, men factum est, (ikke: det gøres, men det er gjort). Det er sket, og vore øjne skal skue, hvad som nu i Ordet vises. Til det må vi holde os ved dette ord og vide, at *hvad der her siges, det må også visselig ske.*

Se nu på ordene, hvor kraftigt han ud af Skriften taler om døden og afmaler den sådan, at den er aldeles opslugt og helt ødelagt, så at intet mere skal blive tilbage af den, som dog har ædt og opslugt alle på jorden. Kristus selv vil være døden en gift og

Helvede en pest, som skal fortære alt dødens gift, hvormed den har dræbt og fordærvet mennesker. For denne gift er intet andet end den forbandelse, som er gået over hele verden, indblæst og inddrevet i os af Djævelen, så at vi alle må dø deraf. Dette er den drik, som Djævelen har skænket for Adam og som vi alle har drukket af, når vi bliver født, som er gået gennem kroppen og alle lemmerne og også viser sig i det ydre med alle slags plager og ulykke. Men imod denne gift viser Skriften os *en helbredende lægedom og en kostelig medicin, som Gud giver i Ordet,* hvorved han for vist lover, at han atter skal dræbe døden og give Djævelen en drik, af hvilken han drikker sig til døde for evigt. Han skal selv sluge sin gift og den forbandelse, den synd, det Helvede og den død, hvormed han har forgiftet naturen. Men vi skal evigt forløses derfra, idet vi tror på dette afkom og holder os til ham.

Det vil jeg selv gøre, siger han. Jeg vil selv være din død og pest. Han kalder sig med så hæslige ord som død og pest, og de er alligevel overmåde trøstelige. For se, hvad og hvem han dermed mener. Han er ikke naturens fjende, men viser, at han vil hjælpe den til at overvinde dens fjender, døden og Djævelen. Og han forbarmer sig over vor jammer, når han ser, at vi nu gennem Djævelens gift og død er så trængte og ligger sådan deri, at vi ikke kan komme væk. På ham vil han hævne sig som på sin egen fjende, som har forgiftet og fordærvet hans værk. Derfor er dette en ret guddommelig medicin, beredt og givet, ikke fra lægens apotek, men fra Himlen gennem Kristi opstandelse. Det skal ikke være skadeligt for os, men kun dræbe og fordærve den, som har givet og tilberedt denne gift til os.

Når vi nu begynder at tro artiklen om Kristus, da er den drik allerede blandet og drukket, som borttager den anden gift, som Djævelen har sprøjtet i mit hjerte og samvittighed og dertil i kroppen. Vi er da hjulpet fra forbandelsen; og samme gift, som vi endnu har hos os, er skænket op for Djævelen, så at han må spise sig til døden på os. Sådan har vi i dåben og den hellige nadver drukket en helbredende lægedom, som fordriver og borttager vor gift, så at den ikke dræber mig, men just den fjende, som ville dræbe mig dermed. Se, derfor taler han med så forblommede ord, idet Gud kalder sig selv et gift, ikke for os stakkels mennesker, som forud har død og pest at kæmpe med, men imod dødens og Helvedes gift. Så må vi, som lider af denne gift og plage, trøste os dermed og vide, at Gud vil tage dette bort af vor krop og sjæl og skænke det for døden og Djævelen, så at deres maver må sønderrives.

Nu er pest og gift en sådan død, som ikke dræber brat og på et øjeblik, men alligevel gør det. Det begynder og udspreder sår over hele kroppen, til det kommer til hjertet. Sådan gør også Gud med os. Han vil ikke fuldbyrde sin sejr over døden og Djævelen i et øjeblik, men han lader først nogen tid *evangeliet prædikes for de udvalgtes skyld, som endnu skal blive født*, og begynder så at blande og tilberede drikken, at den må være os en rensning eller lægedom, som vederkvæger og styrker os, men for Djævelen en gift og en død. Ligesom en læge giver en drik, som hjælper de syge til kroppens helbredelse, men som for feberen er en gift. Man kan sådan også kalde hans lægedom eller medicin en gift eller en pest. Og sådan kalder han det også her. Det ene gift fordriver den anden, og den ene pest dræber den anden.

Sådan går det nu i kristenheden, hvor Ordet, dåben og nadveren bliver uddelt og intet andet bliver prædiket, end at Jesus Kristus er død og opstået. Dette er den eneste recept eller medicin mod vor synd og død, og det må vi dagligt bruge og lade have sin virkning, så giften kan drives ud af hjertet og vi føres fra døden og Helvede til det evige liv. Det har han lovet, og det befaler han os at prædike og tro. Han virker også derved dagligt i os, så at det går igennem ligesom i en surdej, som Kristus siger i Matt 13, 33, så at hjertet vokser i troen samt lærer at foragte og overvinde dette liv og al dets plage.

Dette er nu den sejr, hvorved døden skal blive opslugt, så at man ikke mere skal frygte for den eller blive i den. For hjertet er allerede gennemtrængt af evangeliet, så det skal være døden et gift og en plage, som svækker døden dag for dag og fratager døden dens kraft, til den forgår og ikke mere er til. For skønt den i os ikke endnu er opslugt med alt, så har vi dog den sejr, som Kristus har erhvervet og som er blevet vor gennem evangeliet, dåben og troen, så at vi derigennem på den yderste dag helt gør en ende på døden, når vi har afklædt os den gamle, jordiske og forgængelige klædning og iklædt os den nye himmelske dragt. Og så skal vi da forblive evigt i livet og livet i os så synligt og mærkbart, som vi nu ser og kender modsætningen, at døden er i os og vi er så fængslet i den, at det synes, som skulle sejren kun høre døden til, da den, som en herre over verden, helt frem til den yderste dag opsluger og opæder den ene efter den anden. Men ikke desto mindre véd vi fra Skriften, at sejren er frataget døden gennem Kristus, som i sig selv er begyndt at opsluge den, samt at også vi gennem ham nu åndeligt sejrer og siden også legemligt skal begrave døden og helt udrydde den, at man slet ikke mere skal se eller vide af den, men i dets sted har idel liv og salighed.

Just da skal den frimodige berømmelse og trods begynde, at vi skal sige og synge: "Død, hvor er din sejr? Død, hvor er din brod?" Dette hedder at give døden og Helvede et dask og sige: Kære død, bid mig ikke! Forsøg blot, hvis du tør, vær ond og dræb mig! Ve jer Djævel og Helvede, om I krøller et hår på mig! Hvor er I nu, I onde menneskeædere? Sådan skal vi da kunne drive idel spot med døden, Helvede og Djævelen. Og som de nu hånligt bryster sig mod al verden og siger: Prøv, at se, om du kan løbe fra mig! så skal da bladet vende sig, så at vi skal slukke vor vrede på dem samt evigt trodse dem og sige: Lad os se, hvor meget du kan dræbe! Ja, det er dig forbudt. Der må du nu selv ligger væltet omkuld til spot.

Dette er allerede påbegyndt gennem Kristus på hans eget legeme. Han synger uden ophør døden og Helvede til trods denne vise: Du død, du korsfæstede og begravede også mig en gang og havde mig under dine fødder. Da mente du, at du nu havde vundet og slugt mig. Men hvor er du nu? Spot og hæng dig blot mere på mig. For døden er allerede så uddrukket og aldeles opslugt på Kristi legeme, at der på denne ikke mere findes en grand af døden, for at vi, som tror på ham, også må have samme fordel, når timen kommer. Vi skal da se og erfarer, hvordan døden og Helvede bliver helt opslugt og udslettet. Det skal vi vente på og vide, at det visselig skal ske. Så kan vi i troen på Kristus trodse synd, død og Helvede.

v56-57. Dødens brod er synden, og syndens kraft er loven. Men Gud ske tak, som giver os sejren ved vor Herre Jesus Kristus!

Disse ord sætter han til slut som en tilføjelse for at forklare, hvad for en brod, han mener og hvad som forstås med den sejr, i hvilken døden bliver opslugt. Og sådan afslutter han dette kapitel, som han begyndt det, med en kort prædiken om *kraften af Kristi opstandelse*. Han afmaler døden på den måde, som havde den et spyd, hvormed den tog livet af mennesker. Samme brod eller spyd kalder han synden, og dens skarpe æg eller kraft kalder han loven. Denne talemåde er også mørk og mærkelig for os; men det er talt til dem, som søger og håber på et andet liv. For ligesom den anden flok ikke kender eller agter, hvad synd eller død er, men går sin vej og er ved godt mod, til det den hastigt og pludseligt farer til Helvede, sådan forstår den heller ikke dette tungemål. Men de kristne må lære det på sig selv. For de må dagligt kende, hvad synden og døden er og har for en kraft.

Sådan kalder nu Paulus synden for dødens brod eller våben, som ville han sige: *Hvis synden ikke var, måtte døden lade være med at myrde.* For at den dræber os, dertil er synden anledning. Derfor fordres noget mere, for den, som skal dræbe døden, nemlig at han forud dræber det, som virker døden, hvilket er synden. Så følger da, at *synden er dødens våben, spyd eller sværd.* For så længe et menneske går sin vej og hverken kender eller agter synden, så kender han heller ikke døden og frygter den ikke. Men kommer den stund, at han vælter omkuld og skal dø, så er synden straks for øjnene og siger: Ak ve, hvad har du gjort? Hvor højt har du ikke fortørnet Gud! Om nu dette træffer ret i hjertet, så kan det mennesker ikke begå sig, men må fortvivle, ja, om det varer længe, aldeles dø i fortvivlelse. For det er ikke muligt at bære en ond samvittighed, da den rettelig angriber mennesker, så at han begynder at kende *Guds vrede*; som man jo ser, at nogle mennesker dør hastigt bort eller selv tager livet af sig for sådan forskrækkelses og trøstesløsheds skyld. For det er en brod eller et spyd, som går sådan igennem hjertet, at sjæl og krop må skilles ved det.

Dette mener Paulus, når han taler om synden. For med den rette synd forstås ikke kun ydre onde gerninger, men også den, som er levende og forskrækker hjertet og samvittigheden.

For så længe synden ligger der som sovende og ikke gnaver eller trykker, så kendes den ikke som nogen rigtig synd. Men når

188

den rører på sig og angriber hjertet, da viser den sig og går igennem, så at intet menneske kan tåle den, selv om det også kun er en lille overtrædelse, såfremt man ikke bliver trøstet og atter helet gennem evangeliet. Hvis du spørger, hvorfra døden kommer eller hvorved den så let forskrækker og afliver mennesker, så hører du her, at det er synden, som udretter dødens værk. For synden er intet andet end idel dødens spyd og sværd, ja, lyn og torden, hvorigennem døden udretter sit værk.

Men hvorfra kommer synden, eller hvordan kommer det sig, at den er så kraftig til at døde og dræbe? Jeg vil sige dig det, siger Paulus: "Syndens kraft er loven." Hvem har nogensinde hørt en sådan tale om Guds bud og lov, som jo er hellig og god, givet og forordnet af Gud? Alligevel drister han sig til at sige, at synden var svag og død og intet kunne udrette, hvis ikke loven gjorde det. Loven må opvække synden og gøre den kraftig til at skære og stikke. Ellers blev synden liggende og sov til evig tid, hvis det stod til os. Men Gud kan fortræffeligt vække synden op gennem loven, når den stund kommer, at synden skal hugge og stikke. Da bliver den så stærk på et øjeblik, at ingen kan bære det. *For loven runger i hjertet og holder synderegistret op for næsen af dig.* Hører du: Det og det har du gjort imod Guds bud samt levet hele dit liv i synd, og din egen samvittighed må bevidne dette og sige ja dertil. Så har da synden allerede sin kraft. Den gør dig så ængstelig, at *hele verden bliver dig for trang*; den driver og slår så længe, til du må fortvivle. Her er ikke nogen udvej eller noget modværn. For loven er for stærk og har dit eget hjerte til hjælp, som selv afsiger dommen over dig og fordømmer dig til Helvede. Derfor behøver synden intet andet end Guds lov. Når den kommer i hjertet, da er synden allerede levende og kan dræbe mennesker, når den vil, *hvis mennesket ikke griber denne sejr, som er Kristus vor Herre.*

Når nu loven udretter dette onde, hvorfor har da Gud givet den? Var det ikke meget bedre, at der ingen lov var til? Jo, nok kunne det synes bedre for os; men alligevel kan man ikke undvære den. For det er ikke muligt, at Gud skulle lade det behage sig, at vi altid skulle gå og gøre, som vi ville. Han har længe tålmodighed med os alle, inden han viser sin vrede, og lader mange leve længe, skønt de aldrig kender loven og synden eller tænker på Guds vrede, men foragter og bespotter, når man truer dem med døden og Helvede. Men til sidst må han dog vise dem, hvad både lov og synd formår, så de ikke skal gøre grin dermed. For han kan nok i lang tid se gennem fingrene. Men når stunden kommer, da loven banker på, hjemsøger dig og kræver dig til regnskab, så lader den sig ikke slå hen i vejret; men da kan du ikke andet, end at begynde at klager og råbe: Ak ve, hvad har jeg gjort? Hvor skal jeg tage hen? Da først ser man, hvad det betyder, at loven er syndens kraft. Derfor kalder Paulus den også et andet sted for en dødens lov og dødens embede (2 Kor 3, 7), som prædiker døden og er en vej til døden. Og hvis der ingen anden prædiken eller regering var, så kunne man hermed alene prædike hele verden til døde.

For sådan går det efter hinanden. *Når loven lyser ind i hjertet og viser synden, da bliver synden straks levende og stærk.* Nu har synden døden med sig. Derfor hedder det retteligt, at synden er dødens brod. For den alene dræber og ellers intet. Men synden kommer blot gennem loven, dog ikke sådan at forstå som skulle loven udrette synden og føre den med sig. Synden er der forud, inden loven kommer, og forbliver der altid, da den er os medfødt og vi er avlet i den. Men synden kendes og fornemmes ikke ret, om ikke dette lys bliver optændt i hjertet. Den kan ikke komme til sin kraft, hvis den ikke opvækkes gennem loven. *Men når loven kommer, da viser den os, at vi er aldeles druknet i synder og*

190

ligger under Guds vrede, så at vi må sige, som Bernhard siger om sig selv: "Jeg mente, jeg sad i Paradis, og vidste ikke, at jeg sad mit blandt mordere." Men når hjertet fornemmer dette, så kan det ikke bære det, for det ser og mærker intet andet end idel spyd, som er rettet mod det og kastet efter det, så at det må dø. Da lærer man fortræffeligt, at man med gerninger her intet kan udrettes til at betale for synden eller stille loven tilfreds. For den har bundet mennesket sådan, at han ikke kan komme løs, og den lader sig hverken afværge eller tilfredsstille, mennesket må løbe og gøre, hvad han vil; ja, jo mere han plager sig med gerninger, desto værre bliver det.

Men dette er årsagen til at Paulus siger: "Men Gud ske tak, som giver os sejren ved vor Herre Jesus Kristus!" Det er en anden prædiken end hos Moses; for den giver de kristnes trøst til kende imod dødens brod og syndens kraft. For det er sikkert og sandt, at loven gør ret, når den åbenbarer synden for dig og anklager dig. Og synden har også ret at dræbe dig og døden at opsluge dig. Herimod er det forgæves at disputere og værge sig; for *her står både din egen samvittighed og Guds Ord imod dig.* Men det må hjælpe, at den mand Jesus Kristus er kommet samt har taget og båret vor synd og død på sig, som vi med al ret havde fortjent, og nu *for os træder frem* imod loven, synden og døden og siger: Jeg er af samme kød og blod, og de er mine brødre og søstre; *hvad de har gjort, det har jeg gjort og betalt derfor.* Lov, vil du fordømme dem, så fordøm mig. Synd, vil du stikke og dræbe, så dræb mig. Død, vil du opsluge, så opslug mig. Sådan skete det også, da han stod for dommeren Pilatus. Da blev han anklaget som en synder og dømt til døden; som han også selv i Skriften kalder sig en synder i Sl 41, 5: "Herre, vær mig nådig, helbred mig, for jeg har syndet mod dig." Sådan også i Sl 69, 10: "Mig har spotten ramt fra dem, der spotter dig." Det vil sige, hvad de har gjort imod dig, for hvilket de har fortjent døden, det har jeg gjort. Derfor griber også loven ham og fordømmer ham, og synden nagler ham til korset, og døden sænker ham ned i jorden, og de gør med ham alt, det de formår. "For Gud sparede ikke sin egen søn, men gav ham hen for os alle", siger Paulus i Rom 8, 32. Sådan har loven, synden og døden på ham forsøgt al deres magt.

Men dermed har de ikke på langt nær udrettet, hvad de ville. For just i det samme, de mente, at de havde tilintetgjort ham og nu havde vundet, kommer han atter frem og siger til lov, synd og død: Véd du ikke, at jeg er din Herre og Gud? Hvad har du for ret til mig, at du skulle anklage og dræbe din Herre? Derfor skal I nu ikke længere gøre det, men jeg vil anklage, fordømme og aldeles gøre en ende på jer, så at I ikke videre skal have ret til nogen, som tror på mig. *For hvad jeg har gjort, det har jeg gjort for deres skyld.* Ellers havde han for sin person ikke behøvet det; for de havde måttet slippe ham ubesejret. *Men nu er han trådt i vort sted og på vores vegne ladet loven, synden og døden overfalde sig,* og ikke kun taget dem fra os, men helt og holdent overvundet dem og lagt dem under sine føder, så de skal være overvundet os til gode og *ikke mere have nogen ret eller magt over os.* Sådan har vi idel sejr i Kristus, nu åndeligt gennem troen, men siden også legemligt og synligt.

Dette skal en kristen nu lære at gribe og bruge, når det kommer til strid, når loven angriber ham og vil anklage ham, når synden forsøger at dræbe ham og styrte ham i Helvedes gab og hans egen samvittighed siger til ham: Det og det har du gjort; du er en synder og skyldig til døden. Til dette skal han med frimodighed svare: Ja, det er desværre sandt. Jeg er en synder og har fortjent døden. Så langt har du ret. Men at du derfor fordømmer og dræber mig, skal du dog ikke gøre. Det skal en anden forbyde

192

dig, som hedder min Herre Kristus, som du uskyldigt har anklaget og myrdet. Men véd du også, hvordan du stødte og brændte dig på ham og herved har mistet al din ret til mig og alle kristne. *Han har ikke for sig selv, men mig til gode båret og overvundet synden og døden.* Derfor tillader jeg dig ikke noget klagemål eller nogen ret imod mig, men jeg vil meget mere har ret imod dig, fordi du vil angribe mig uden sag, når du dog allerede er fordømt og overvundet gennem ham, så du skal lade mig i fred for dine anfægtelser og klagemål. Og skønt du nu kan angribe og æde mig med hensyn til kødet, så skal du dog intet udrette eller vinde dermed, men du skal æde din egen brod og derved dræbe dig selv. Jeg er ikke mere den mand, som du søger som et Adams barn, men jeg er Guds barn. *For jeg er i hans blod og på hans sejr døbt og beklædt med alle hans goder.*

Se, så helt må de kristne udruste sig med denne Kristi sejr og dermed drive Djævelen tilbage, så at de ikke tillader ham at disputere, men siger: Hvordan kan du anklage og plage en kristen? Véd du ikke, hvem min Herre er og hvad han formår? Og der findes ingen bedre måde for den, som kan anvende det, end med spot og frimodighed at foragte ham og sige: Vil du være ond, så gå din vej og bryd dig ikke om mig, men hav skam for dit besvær! Vil du hugge og stikke, så gå op til den, som sidder deroppe og kæmp med ham. Anklag mig ind for din og min dommer, om du har noget imod mig, og se, hvad du kan udrette! Men det vil han ikke. For han véd godt, at han har tabt og allerede er dømt og dræbt gennem ham. Derfor flygter han som for selv korset. Så går han heller ikke til de spotske, vilde og sikre mennesker, som ikke giver agt på døden og synden. *Dem har han forud.* Men han vil kun angribe os, som holder os til Kristus og gerne vil være synden kvit, for at han måtte hive Kristus ud af vort hjerte samt forskrække og trykke os med synd og død, så at vi derunder skal fortvivle og aldeles give os i hans vold. Derfor må vi atter vise ham fra os på *den sejr, som vi har i Kristus,* og skjule os i Kristus og holde os til ham, så Djævelen ikke må kunne komme til os. For han véd godt, at han slet intet kan udrette, hvis vi kun holder os fast og stadigt ved Kristus gennem troen.

Dette er en skøn prædiken for de kristne, hvordan man gennem Kristi sejr kan blive syndens brod kvit, som dræber os, og lovens kraft, som driver en sådan brod ind i os, indtil det den bliver helt udryddet i os. Her hører nu slutningen af den sang, som Paulus synger: "Gud ske tak, som giver os sejren ved vor Herre Jesus Kristus!" Det må vi også *synge og altid holde påske og prise Gud for sådan sejr,* om hvilken det hedder, ikke at vi gennem vor kamp og strid har erhvervet os den (for den er alt for høj og stor), men at den er os skænket af nåde og givet af Gud. Han har forbarmet sig over vor elendighed, hvorfra ingen kunne hjælpe os, og sendt sin Søn og ladet ham træde ind i denne kamp. Han har nedlagt disse vore fjender, synden, døden og Helvede samt beholdt og givet os sejren, så at vi kan sige, at *det er vor sejr og det lige så meget, som var det sket gennem os selv.* Må vi blot tage imod denne Kristi sejr med alvor og ikke beskylde Gud for løgn som de, som indbilder sig, at de gennem sig selv kan overvinde sin synd og død, heller ikke være utaknemlig som de sikre, falske kristne, men med fast tro beholde denne sejr i hjertet og styrke os af den samt altid drive og synge en sådan takkeprædiken om denne sejr, så vi glade kan fare herfra, til vi også skal se det på vort eget legeme! Dertil hjælpe os Gud gennem sin kære Søn. Ham være ære og pris i evighed! Amen.

Den Store Lutherserie

1 Kristi nadverord står fast

2 Kirkepostillen, bind 1

3 Kirkepostillen, bind 2

4 Kirkepostillen, bind 3

5 Salme 51

6 Opstandelsen – 1 Kor 15

7 De Lutherske Bekendelsesskrifter

8 Vejledning for menighederne

9 Huspostillen

10 Bjergprædikenen

11 Luther-Lex-Citater

12 Teologiens Grundbegreber

13 Første Mosebog bind 1

14 Første Mosebog bind 2

15 Første Mosebog bind 3

16 Første Mosebog bind 4

17 Om den hellige dåb

18 Fortalerne til Bibelen

19 At bede enkelt

20 Nådens Nøgler

21 Sang og Musik

22 Udvalgte Breve

23 Festpostillen

24 Gud vil alles frelse

25 Peters Første Brev

26 Kirkepostillen – Vinterdelen

27 Kirkepostillen - Sommerdelen

28 Troen Alene

29 Johannes 17 – Om Kristi Bøn

30 Privatmesser og præstevielse

31 Den sande kirke og den falske kirke

32 Luther-Leksikon